总论

在经历了春秋战国长期分裂之后，中国进入了一个短暂的统一时期。公元前221年，秦始皇一统天下，建立了中国历史上第一个专制主义中央集权的封建王朝。

为了巩固统治，秦始皇制定了一系列加强中央集权的政策。在中央实行三公九卿制，地方实行郡县制，在全国修建驰道，统一度量衡、货币和文字，兴修水利，筑长城，抗击匈奴等。秦始皇的统治同时又很残暴，大兴土木，迷信方术，对人民进行残酷的剥削和镇压，激化了社会矛盾。

秦始皇死后，秦二世胡亥昏庸无能，赵高专权，社会矛盾进一步激化。胡亥不仅昏庸残暴，而且穷奢极欲、荒淫无度，为了满足自己奢侈荒淫的生活，一方面横征暴敛，一方面又实行严刑峻法。人民遭受到空前压迫，终于激发了中国历史上第一次农民大起义——陈胜吴广大泽乡起义，秦王朝最终被推翻。

秦朝灭亡后，经过四年的楚汉战争，项羽战败。在公元前202年，刘邦建立汉朝，史称西汉，中国再次进入大一统的时代。

汉朝建立后，中央政府采取无为而治、与民休息的政策。在政治上，汉承秦制，在中央实行三公九卿制，地方上推行郡县制的同时，兼行分封制，既分封异姓功臣，又大肆分封同姓诸侯王。大封同姓诸侯王对中央统一政权来说是很大的隐患，最终地方势力坐大，引发了景帝时期的吴楚七国之乱。经济上，实行土地私有制，土地可以自由买卖，土地所有者需向国家缴纳赋税。汉初统治者大多实行轻徭薄赋的政策，减轻农民的负担，景帝时还实行三十税一的政策。在经历了文、景朝的恢复和发展后，出现了"文景之治"

的治世局面。

通过文、景两朝的发展和积累，武帝继位后，出现了西汉历史上的全盛时期。武帝为了加强统治，在政治、经济、文化和军事上采取了一系列的措施。思想上，罢黜百家，使儒家思想成为社会的统治思想。政治上，为了彻底解决地方割据势力问题，采用主父偃建议的推恩令，使诸侯王的封国不断缩小，削弱了封国的实力，使之无力与中央对抗。军事上，前期远征匈奴，后期平定三越，任命李广、卫青、霍去病等大将抗击匈奴。经济上，为了增加收入，武帝任命桑弘羊理财，将铸币权收归国有，实行盐铁官营和均输平准，打击富商大贾的算缗和告缗政策。外交上，派张骞出使西域，开通丝绸之路，细君公主和解忧公主和亲乌孙，加强了汉朝和西域的交流以及边疆的稳定。文化上，汉赋大放异彩，出现了司马相如、东方朔等汉赋大家，史学上司马迁著《史记》，是我国第一部纪传体通史，首创以人物为中心的体例，成为后世修史的传统。但是武帝好大喜功，开疆拓土，连年的战争，使社会矛盾加剧，西汉开始由盛转衰。虽然昭宣中兴出现了短暂的繁荣，但衰落已不可避免。

元帝性情软弱，柔仁好儒，常常大赦天下。虽有意缓和社会矛盾，却使得社会矛盾更加严峻。豪强地主、官僚、商人疯狂地兼并土地，大批失去土地的农民沦为流民。由于元帝宠信宦官石显，宦官开始专权乱政。

成帝、哀帝荒淫无度，不理朝政，外戚和宦官势力兴起，导致皇权旁落。成帝宠爱赵飞燕、赵合德姐妹，沉溺酒色。哀帝虽不好女色，但宠信董贤，也是不理朝政，朝政被外戚权臣把控。

西汉末期，外戚王莽不满足于把持朝政大权，直接篡汉建立新朝。王莽建立新朝后，托古改制，企图挽救社会危机。然而，改制既没有解决土地问题，也没有解决奴婢问题，经济上推行的五均六莞制，反而使执行政策的官吏和商人相互勾结，既没达到减轻农民负担的目的，也没有增加政府收入，西汉王朝不断地衰落下去。

这一时期，社会矛盾加剧，人们生活困苦不堪，农民起义此起彼伏。其中规模最大的是绿林和赤眉起义，沉重打击了新莽政权。刘邦的九世孙刘秀最终在昆阳之战中击溃王莽的主力军，推翻新莽政权。

25年，刘秀建立政权，定都洛阳，史称东汉。光武帝整顿吏治，削弱三公的权力，清查土地，与民休息，社会经济得到恢复，人们生活安定，出现了光武中兴的局面。

光武帝之后，明帝和章帝时期，经济继续发展，出现了一个黄金时代，被称为"明章之治"。东汉政权建立之初，严禁外戚掌权，章帝虽贤明，却重用外戚。章帝之后，和帝幼年登基，外戚掌权。其后，东汉政权长期把持在外戚手里，直到宦官拥立顺帝即位，东汉又进入外戚和宦官交替专权的时代。

东汉政权是在豪强地主的支持下建立的，豪强地主的势力在东汉皇权的保护下迅速膨胀。经济上，豪强地主兼并了大量的土地，积聚了雄厚的资产，还掌控着众多的依附农民。政治上，通过察举和征辟，把持着官员的任免。外戚和宦官不断斗争，统治阶级内部矛盾加剧，政治十分黑暗，引发了两次党锢之祸，正直的士大夫遭排挤，东汉政局进一步恶化。农民起义不断，184年，张角领导的黄巾军大起义，使东汉政权土崩瓦解。

东汉时期由于冶铁技术的进步，农业生产工具增多，加上兴修水利，牛耕技术得以推广等，农业生产得到了迅速发展，人口也迅速增多。

对外关系上，班超出使西域，进一步加强了西域各国与中原的经济、文化交流。

思想文化上，自汉武帝尊崇董仲舒提倡的独尊儒术思想后，儒家思想成为正统思想。东汉时期，在这一思想的基础上衍生出与儒家经学相对应的谶纬之学，今文经学和古文经学相互争论，章帝时为了统一思想，议论五经异同，召开了著名的白虎观会议。班固著《汉书》，推动了史学的发展。许慎著《说文解字》，对文字学发展做出了杰出的贡献。郑玄注经，统一了今文经学和古文经学。蔡伦改进造纸术，推动了世界文明的发展。张衡改进发明浑天仪和地动仪，在天文学领域做出了不巧的贡献。张仲景、华佗在医学界做出了突出的贡献。佛教在明帝时传入中国，为上层贵族所信仰。

自公元前202年刘邦建立汉朝，到220年东汉灭亡，汉朝存在了四百多年。汉朝是当时世界上较为先进的文明强国，也是中国发展史上的第一个黄金时期。

秦汉时期是我国专制主义中央集权的开端，奠定了后世政治制度的基础。这一时期，政治、经济、文化和民族关系都取得了前所未有的成就。秦汉时期也涌现了一批叱咤风云的历史人物，这些人物身上发生了多少惊心动魄、千回百转的故事，请看历史留给我们的丰厚的文化遗产。

目录

秦朝：天下一统 短命而亡

- 嬴政称帝天下一统 003
- 征服百越增设四郡 004
- 蒙恬北伐大败匈奴 005
- 抵御侵袭修筑长城 006
- 废除分封设置郡县 007
- 推行车同轨书同文 009
- 高渐离挥筑刺秦皇 010
- 张良博浪沙击秦皇 011
- 迷信长生入海求仙 012
- 痛恨方士坑杀儒生 013
- 禁止私学决议焚书 014
- 始皇出游暴死沙丘 016
- 赵高专权指鹿为马 017
- 大兴土木统治残暴 018
- 走投无路陈胜揭竿 019
- 刘邦项羽举兵反秦 021
- 遭遇挫折陈吴就义 022
- 刘项大军直捣咸阳 023
- 巨鹿之战破釜沉舟 025
- 张良献计刘邦入关 026

目录

子婴投降秦朝灭亡	027
刘项争雄鸿门宴会	028
西楚霸王分封诸侯	029
诸侯反叛项羽平乱	030
汉王韬光巩固后方	032
萧何月下追韩信	033
刘邦筑坛韩信拜将	035
暗度陈仓平定三秦	036
彭城兵败下邑定谋	037
文候救驾终生受宠	038
韩信北上木罂渡军	039
韩信列阵背水一战	040
谋士陈平弃楚归汉	042
陈平献计离间楚将	043
郦食其献策助刘邦	044
杀龙且韩信称齐王	046
成皋相持鸿沟议和	047
刘邦背信楚汉开战	048
十面埋伏兵败垓下	049
四面楚歌霸王别姬	050
无颜东归乌江自刎	052

目录

西汉：承袭秦制 开创盛世

- 刘邦称帝迁都长安 055
- 汉承秦制巩固政权 056
- 叔孙通博学定礼仪 057
- 陆贾进谏著《新语》 059
- 铲除诸王分封同姓 060
- 计封雍齿安定臣心 061
- 冒顿自立袭击东胡 063
- 白登之围陈平解困 064
- 刘敬献策公主和亲 065
- 征伐陈豨平定赵代 066
- 吕后设计诛杀韩信 068
- 部将诬陷彭越被醢 069
- 英布谋反兵败身亡 070
- 萧何遭疑自污名声 072
- 遏制吕后白马之盟 073
- 高祖病重安排后事 075
- 惠帝宽厚吕后专权 076
- 萧规曹随无为而治 078
- 将相联手安汉兴刘 079
- 吕后病故政局不稳 081

目录

周勃夺权诛灭吕氏	082
群臣拥立代王入京	083
恩威并施巩固皇权	085
励精图治开创治世	086
平民皇后因疾失宠	088
富可敌国饿死街头	089
文帝问政陈平智胜	090
文帝求贤田叔论长	091
冯唐议将魏尚复职	092
张释之执法犯龙颜	094
政治天才英年早逝	096
细柳屯兵军纪严明	097
缇萦上书为父申冤	099
景帝即位政策开明	100
休养生息文景之治	101
晁错上书建议削藩	102
亚夫平定七国之乱	104
『苍鹰』郅都国之爪牙	105
文翁办学教化蜀地	107
太后干政欲立幼子	108
栗姬骄纵错失后位	109
公主相助美人得利	111

目录

刘彘改名入主东宫	112
武帝即位改革受阻	113
仲舒对策尊崇儒术	114
汉武大帝开创盛世	116
主父偃献策推恩令	117
马邑之谋反击匈奴	118
飞将李广威震匈奴	120
大将卫青决战匈奴	121
霍去病骁勇获封侯	122
张骞负命出使月氏	124
出使西域开通丝路	125
细君公主乌孙联姻	127
解忧和亲千古流芳	128
冯嫽持节三使乌孙	130
贰师将军远征大宛	132
叛徒出卖李陵被擒	133
司马迁受命承父志	135
太史公著《史记》	136
苏武出使被扣匈奴	137
宁死不降北海牧羊	138
鸿雁传书苏武还乡	140
武帝出兵平定三越	141

5

目录

武帝置郡经略西南	142
相如抚琴文君心动	144
终成眷属相如负心	145
汉赋大家长门寄情	146
阿娇封后因妒被废	148
卫子夫得宠终封后	149
巫蛊之祸妻子俱亡	150
武帝悔过轮台罪己	151
桑弘羊理财国库丰	152
直臣汲黯秉公犯颜	154
酷吏张汤为官清廉	156
倪宽博学一心为民	157
良吏黄霸贤人君子	159
灌夫被捕窦婴相救	160
游侠郭解侠义为民	162
东方朔智谏汉武帝	163
国舅李延年通音律	165
杀妻立子遗诏托孤	167
霍光辅政稳定汉室	168
民间天子中兴大汉	169
宣帝下诏故剑情深	171
贤相邴吉外出问牛	172

6

目录

傅介子计斩楼兰王	173
赵充国屯田定西羌	174
元帝柔懦汉室始衰	176
石显受宠宦官专权	177
昭君出塞青冢留名	178
成帝荒淫赵氏乱政	179
哀帝断袖沉湎声色	181
刘向刘歆校理群书	182
王莽篡汉托古改制	183
农民起义危机四伏	185

东汉：强行『续命』风雨飘摇

刘秀复汉定鼎洛阳	189
阴丽华贤惠获封后	190
柔道治理光武中兴	192
伏波将军马革裹尸	193
宋弘忠正不弃糟妻	195
『强项令』董宣斗公主	196
明帝刘庄中兴明君	197
一代贤后名将之女	198
白马驮经佛教入华	200

目录

大将窦固边疆立功	201
兰台令史投笔从戎	202
班固承志著《汉书》	203
才女班昭补史著书	204
邓绥临朝勤俭治国	206
外戚阎氏专权乱政	207
杨震拒金直言劝谏	208
梁冀跋扈权倾朝野	209
宦官当权五侯乱政	211
宦官得势党锢之祸	212
灵帝荒淫卖官鬻爵	213
张角布道黄巾起义	215
羊续悬鱼清廉自守	216
白虎观会议论五经	217
许慎与《说文解字》	218
郑玄注经统一今古	219
蔡邕博学石经传世	220
宦官蔡伦改进造纸	221
张衡博学潜心天文	223
张仲景勤学成医圣	224
神医华佗创立新说	225
秦汉大事纪年表	227

8

秦朝：天下一统 短命而亡

秦朝：天下一统　短命而亡 ▶▷

嬴政称帝天下一统

　　春秋战国是中国历史上较长的一段分裂时期，直到公元前221年，秦王嬴政先后灭掉了韩、赵、魏、楚、燕、齐六国，中国才出现了一统的新局面。

　　秦国刚刚统一天下，嬴政就迫不及待地召集丞相和御史大夫等官员来商议帝号之事。他认为在祖宗神灵的庇护下，依靠自己的能力平定了六国，现在天下大势已定，如果不改个有震撼和威慑的名号，不足以彰显他的功绩和伟业！更不能够将这功业流传于后世！

　　丞相王绾和负责监察百官的御史大夫冯劫以及管理天下刑狱的廷尉李斯等人上奏：以前五帝时期，所管辖的区域不过千里，周边诸侯时而归顺时而反叛，天子并没有能力制服他们。现在陛下平定了天下，设置了郡县，颁布了法令，海内都在陛下的统治管辖下。这是上古以来未曾出现过的盛况，就是五帝也远远不及陛下的功绩。我们几个与博士商议后觉得古有天皇、地皇和泰皇，而泰皇最为尊贵。我们冒死建议陛下为"泰皇"，制度方面的命令称为"制"，日常命令称为"诏"，陛下可自称为"朕"。嬴政听后，觉得"三皇五帝"也不及自己开拓的疆域之广，不如自己治理的有成效，于是就对群臣说："采用上古'帝'号，去掉'泰'字，加上'皇'字，就称'皇帝'。其他的就按你们说的办。但是朕听说太古有号毋谥，中古有号，死后根据德行来确定谥号。这样的话就是儿子来评议父亲，臣子评议君上，这完全没有必要，从朕开始为始皇帝，以后就是'二世皇帝''三世皇帝'以至万世，传之无穷。"

中国至此开始有皇帝的名号，皇帝之下，设置丞相、太尉、御史大夫，称为"三公"，辅佐皇帝处理全国政务，"三公"之外又设"九卿"，分管中央的各项事务。"三公""九卿"由皇帝任免，权力集中到皇帝一人之手。

秦始皇通过推演金、木、水、火、土五行相生相克之说，认为周属火德，秦代周而无往不胜，秦当属水德，改河为德水，衣服旄旌节旗等崇尚黑色。同时遵从法家学说推行严刑峻法。

秦始皇还在全国设置三十六郡，郡下辖若干县。从此，延续两千年的郡县制得以确立。

征服百越增设四郡

秦始皇统一六国之后，并没有停止扩张的步伐，而是任命屠睢为大将，继续向南征伐百越。

越族是一支历史悠久的少数民族，主要活动在中国南方和东南方。有"断发文身"的习俗。其支属较多，有于越、东越、闽越、南越等，故称百越。

因其地处南方，长年潮湿，以北方人为主要兵力的秦军很难适应这种气候，在平定百越的过程中，秦军损失惨重。经过三次战争，前后出动八十万士兵，以损失三十万为代价平定了百越。

平定百越之后，秦始皇开始在这些地区设郡，以加强管理。在东越和闽越设置了闽中郡，任命东越和闽越的首领为行政长官。在征服南越和西瓯后，在今广东境内设立了南海郡，在今广西境内设立桂林郡，在今广东西南部和越南中部设立象郡。

百越地区多山，道路崎岖，交通极为不便。在平定百越的战争中，秦始皇就开始加强水路的开通，任命史禄负责水利事业的修建。经过勘查规划，在湘江和漓江源头分水岭上，修建了著名的灵渠，大大提高了运输的效率，还发展了当地的水利事业，但是修建灵渠也耗费了大量的人力物力，削弱了秦国的国力。

秦始皇征服百越后，大量的中原士兵进入当地，与当地人通婚，实现了民族的融合。秦兵也带来了中原文化，与当地文化相互作用，形成了独特的文化。

秦始皇用武力平定了百越，但是人心难以收服，百越人并不甘心臣服，时有叛乱发生，不得不派重兵驻扎，这就牵制了秦朝的兵力。

蒙恬北伐大败匈奴

匈奴是北方的游牧民族，生性彪悍，崇尚勇武，善于骑射，他们随水草迁徙，没有农业和固定的居所。因此，以农业生产为主，物产丰富的中原地区就成为他们侵犯和抢夺的对象。

战国后期，由于中原混战，匈奴趁机南下，占领了河套地区，并经常到内地尤其是燕、赵地区进行掠夺。秦统一六国后，匈奴的南侵就直接威胁到了秦的安全，成为秦朝的心腹之患。

公元前215年，秦始皇亲自到北部边境巡视，为反击匈奴做准备。北巡之后，立即任命长子扶苏为监军，以大将蒙恬为帅，让其统领三十万大军北伐匈奴。

蒙恬出身于武将世家，祖父和父亲都是战功卓著的将军，为秦立下过汗马功劳，故蒙恬深得秦始皇的信任和器重。蒙恬率领三十万大军以锐不可当之势大破匈奴各部，使匈奴闻风丧胆，逃至大漠以北七百里，一举收复河套地区。第二年，渡过黄河，夺回了被匈奴控制的高阙、阳山、北假等地。蒙恬北伐，威震匈奴，使之溃不成军，在之后的几十年间不敢再侵犯中原。贾谊在《过秦论》中如是评价蒙恬北伐匈奴之功绩："却匈奴七百余里，胡人不敢南下而牧马，士不敢弯弓而抱怨。"

为加强对这些收复地区的统治，秦朝重新设置了九原郡，并设置四十四个县。公元前211年，又迁徙内地三万多户到北河、梅中一带屯田垦荒。这样大规模的移民不仅有利于防御匈奴的侵犯，而且促进了北部边境地区的开发和民族间的融合。

抵御侵袭修筑长城

长城的修建，最初是为了抵御南下侵袭的匈奴，所以长城是作为军事防御工程而出现的。长城修筑的历史可追溯到西周时期，著名的"烽火戏诸侯"的故事就源于此。到了战国时期，游牧民族经常南下侵扰秦、赵、燕等北方三国，而各国又忙于兼并战争，无暇顾及这些行踪不定的游牧民族，只好在北部边境修筑长城，以抵御游牧民族的掠夺。

秦统一天下后，派蒙恬北击匈奴。蒙恬大败匈奴之后，继续带兵留守边境。为了加强防御，蒙恬调动几十万军队和百姓修建长城。在原来秦、燕、赵三国旧长城的基础上，加以修固，将这三国北部的长城连接起来，又修筑了西起甘肃临洮，东至辽东，绵延五千余公里的长城，这举世瞩目的万里长城作为建筑史上的奇迹，为后人留下了宝贵的文化遗产。

秦长城多以毛石土筑，粗布纹瓦，主要由关隘、城墙、城台、烽燧四部分组成。关隘通常设在险要处以扼守要塞，城墙是长城的主体，多随地势而建，城台凸出于墙外，可用来放哨，烽燧大多筑于山顶或转弯处，主要用来传递军情，白天燃烟，晚上烧火。

蒙恬除了修长城，还修建了从都城咸阳到九原郡的道路，使落后的九原郡摆脱了交通闭塞的困境，方便调动军队、粮草的同时也加强北方各民族经济文化的交流和发展。在秦长城附近，有大将蒙恬的点将台、匈奴万箭穿石处等历史遗迹。

秦长城的修筑在当时及之后相当长的一段时间里确实起到了防御北方游牧民族侵扰的作用，对中原地区的经济发展起到了积极作用。但是在当时工具极其简陋，交通运输落后的条件下，兴建如此浩大的工程，耗费的人力可以想见。杞梁之妻孟姜女哭倒长城的民间传说在时间上虽然难以成立，但从侧面反映了百姓为修长城而做出的巨大牺牲。

废除分封设置郡县

秦始皇平定六国确立了自己的名号以后，又开始进行政治制度的改革。是采用分封制还是推行当时已发展起来的郡县制，秦始皇召集群臣进行了一次讨论。

分封制是以宗法血缘关系为基础的政治制度，统治者将土地分封给王室子弟、功臣等，所封之地称为"诸侯国""封国"。历史学家张岂之认为"西周的分封制称为封建，即封邦建国"。战国后期，"封国"势力不断壮大，逐渐威胁到"天子"的统治。为了适应中央集权制度的发展，以官僚政治为基础的郡县制不断发展。

丞相王绾认为：各国刚刚被消灭，有些地方像燕、齐、楚等地离秦较远，如果不把皇室子弟分封到那里做诸侯王，恐怕难以管理好这些地区。而廷尉李斯则持反对意见，他认为：当年周文王、周武王分封了许多子弟和同姓，但是关系却日渐疏远，而且诸侯之间相互攻击，连周天子也无力制止。如果设立郡县，派子弟功臣任中央官吏或郡守县令，以收取赋税作为俸禄，就很容易控制。秦始皇赞成李斯的意见，决定在全国推行郡县制。

于是，秦始皇把全国划分为三十六郡，郡的最高行政长官是郡守，郡守之下设郡尉和监御史，郡尉掌管全郡军事，监御史掌管监察和司法。郡下设县，万户以上设县令，万户以下设县长，县令或县长掌管全县的行政事务，下设县尉和县丞，县尉掌军事，县丞掌司法。县以下设乡、亭、里，十里一亭，十亭一乡。乡官有三老、啬夫和游徼，其中三老掌教化，啬夫掌诉讼和赋税，游徼掌治安。亭有亭长，里有里正。这样，从中央到地方一整套专制主义中央集权制度就建立起来了，后来的封建王朝基本上都沿袭这一套政治体制。

秦朝：天下一统　短命而亡 ▶▷

推行车同轨书同文

　　秦统一之前，各国的语言、文字、制度等各有差异或不同。秦统一后，为了方便各地之间的交流，统一了全国的度量衡制度，还在全国推行车同轨、书同文等制度。

　　车同轨就是规定车辆的轨道相同。秦统一前，各国各自为政，没有统一的标准，车辆大小不同，道路宽窄不一，交通极为不便。后来，秦始皇就规定车辆两个轮子之间的距离一律改为六尺，这样车轮的轨道就一致了。从公元前220年开始，秦始皇还下令以咸阳为中心，陆续修建了三条驰道。一条向东通到燕、齐地区；一条向南直达吴、楚之地，还有一条是蒙恬主持修建的通往九原的道路。这些驰道宽五十步，车轨宽六尺，道路两旁每隔三丈植树一棵。道路中间是皇帝的专用御道，一般人不得行走。

　　文字不统一直接影响了各地的文化交流，秦始皇统一六国后，就下了一条"书同文"的法令，让李斯、赵高、胡毋敬等人整理和统一全国的文字。李斯等人以秦国文字为基础，参考六国文字，创造出一种笔画相对简单的文字，就是"小篆"。为方便书写，在"小篆"的基础上，加以简化，产生了"隶书"。"小篆"作为官方规范文字在全国进行推广，皇帝诏书和正式文件使用小篆书写，非官方文件则推广用隶书抄写。

　　同文字一样，各国使用的货币、度量衡等也不一样。例如秦国的货币是圆的，齐国的货币像刀的形状，楚国的货币像贝壳，赵国的货币像铲子等，计量单位上有的以斤为单位，重为十六两，有的以镒单位，重为二十两。于是，秦始皇下令全国采用两种货币，一种以黄金作为上币，以镒单位，一种以圆形中间方孔的铜钱为下币，以半两为单位。这样货币就统一了，方便了贸易的发展。

　　度量衡是指计量长短、容积、轻重的单位。在度量衡方面，秦始皇下令废除六国度量衡，以原来秦国的度量衡为基础，颁布标准的量器，全国使用统一的度量衡制度。

一系列统一政策的颁布，使国家的各种制度统一完备起来，促进了各地经济文化的交流和发展，对后世影响深远。

高渐离挥筑刺秦皇

秦始皇以武力完成统一大业，六国残余贵族自然对其恨之入骨。为避免当年荆轲行刺之事再度上演，秦始皇下令在全国搜捕刺客，镇压六国的亡命之徒。此时，决心为好友荆轲复仇的高渐离登上了历史的舞台。

高渐离是战国末期燕国人，荆轲的好友，善于击筑。筑是古代的一种乐器，颈细肩圆，中间空，形状像筝。当年荆轲刺秦王临行前，高渐离在易水为之送别，荆轲高唱"风萧萧兮易水寒，壮士一去兮不复还"，高渐离则击筑伴奏，琴声慷慨悲壮。

荆轲失败之后，高渐离遂隐姓埋名，在宋子县当佣工。每当主人举办宴会，在堂上击筑取乐的时候，高渐离常常忍不住徘徊偷听，并发表自己的意见。时间长了，人们见他熟悉音律，就报告给了主人。主人召他到堂上击筑，没想到一曲奏罢，满座皆惊。之后，高渐离善击筑的名声慢慢传扬出去了。

秦始皇也听说了高渐离的高超琴技，就召他到宫中演奏。但高渐离是荆轲好友的身份被发现，秦始皇为防不测，就派人弄瞎了高渐离的眼睛。

高渐离为了给荆轲报仇，就把铅灌入筑中间空的地方，这样筑就变成了一件沉重的武器。一次，当秦始皇听得入迷时，高渐离举起筑猛地砸向秦始皇的头部，可惜眼睛失明，再加上用力不当，并未击中。秦始皇勃然大怒，处死了高渐离。

张良博浪沙击秦皇

张良为人所熟知是作为刘邦的谋臣，汉朝的开国功勋，而张良还曾刺杀过秦始皇。张良是战国时期韩国的贵族，祖辈五代都是韩国的国相。公元前230年，秦灭韩。张良深感国破家亡之痛，决意刺杀秦始皇。张良散尽家产，后来在淮阳找到一个大力士，为其打造了一个重达一百二十斤的大铁锥，准备伺机行刺。

秦始皇统一六国后为了宣扬自己的文治武功，每年都会外出巡游。公元前218年，秦始皇东游，张良打探到秦始皇的行踪，选择在阳武博浪沙进行埋伏，因博浪沙路面起伏，车队的速度不会太快，另一方面，博浪沙之北为黄河，之南为官渡河，河中芦苇丛生，便于行刺后逃跑。

秦始皇为了凸显自己的威严，规定只有皇帝的马车用六匹马拉，大臣的只能用四匹马拉。这样是很容易刺杀到秦始皇的，但是秦始皇为了保证自己的安全，准备了多辆六匹马拉的马车。

在秦始皇到达博浪沙时，张良与大力士早就做好了伏击秦始皇的准备，但不幸击中的并不是秦始皇乘坐的车辆，万幸的是张良得以逃脱。秦始皇下令在全国进行大规模的搜捕，接连搜查了十天，并没有找到刺客。张良成功躲避搜捕，逃到下邳隐居起来。

历史上有记载的刺杀秦始皇的事件有三个，虽然都以失败告终，但只有张良活了下来。荆轲和高渐离本就作了不成功便成仁的准备，张良却是在准备行刺时就给自己留下了后路，可见张良的谋略。

迷信长生入海求仙

秦始皇在公元前219年东游到琅琊，甚是喜欢，遂在此流连了三个月。后来作琅琊台，在台上立石刻字，歌颂秦的功德。《史记》有载："功盖五帝，泽及牛马。莫不受德，各安其宇。"

秦始皇巡游天下，一方面是为了宣扬自己的功绩，加强对所辖地区的统治，另一方面也是为了访求仙药，寻求长生不老之术。

歌功颂德之事结束后，当地的方术之士徐巿（又名徐福）趁机上书说："海上有三座仙山，即蓬莱、方丈、瀛洲，山上住着仙人。恳请斋戒后，带着童男童女去为皇上求仙人赐长生不老之药。"秦始皇听后立刻挑选数千名童男童女让徐巿带着去求仙问道。

徐巿几次前往都因风高浪猛而返回，他自知回去无法交差，于是就编了一套谎言说已经看到了仙山，只可惜未能登上。秦始皇无奈只得返回。

公元前215年，秦始皇再次巡游到碣石，还念念不忘仙山、仙人之事，于是又派术士卢生去访求羡门、高誓等仙人，派韩终、侯公、石生求仙人不死之药。卢生在海上飘荡兜转了几圈，无功而返，也编了一套鬼神之事来糊弄秦始皇，还献上了一部图录，上书"亡秦者胡"。秦始皇认为北方的匈奴等胡人是秦朝的心腹之患，遂派大将蒙恬北伐匈奴。

后来，秦始皇再一次来到琅琊台，召见徐市询问求仙之事。徐市这些年以求仙之名花去大量的钱财，害怕受到处罚，就上书说海里有大鲛鱼（鲸鱼）兴风作浪，始终无法靠近仙山，请求皇上派善射者一同前往。徐市带领善射者再次入海，他明知道根本就没有仙人和长生不老之药，再次无功而返的话只有死路一条了。于是，徐市率领船队逃走了。

痛恨方士坑杀儒生

徐市花费巨资耗费数年不但没有寻得仙药，最后连人也找不到了。卢生也是连续几年找不到长生不死药，只得哄骗秦始皇说："求仙药不得是因为有什么从中作祟，皇帝所在之处，应禁止外人知道，这样才能招来神仙真人。"从此，秦始皇把咸阳二百里内的宫观亭台全部用通道连接起来，一旦有人泄露他的行踪，立即被处死。

卢生、侯生等人知道根本找不到仙药，就准备逃走，并且私下议论秦始皇为人刚愎、执政重刑杀等。秦始皇得知后勃然大怒，求仙药不得反遭羞辱，于是迁怒于方士。

据《史记》记载，秦始皇听说卢生、侯生逃跑了，十分愤怒："我召集那么多文学、方术之士，想要建立太平盛世。这帮方士说能炼成仙药，没想到他们居然跑了，徐市也浪费了数以万计的钱财，也没求到仙药。我对卢生等人非常尊重，对他们也赏赐甚厚，现在却要诽谤我。如果不加以惩治，则会加重我的不德。"

于是，秦始皇下令查办儒生。本来是针对方术之士的小范围的搜查，但是被李斯等加以利用，变成了相互检举、揭发的大范围搜捕，共牵连出四百六十多名儒生和方士，这些人皆被活埋于咸阳城外。

秦始皇还将此事诏告天下，让人引以为戒。秦始皇的长子扶苏对儒生很尊重，曾劝谏秦始皇说："天下初定，远方的百姓还没有完全归顺，儒生们都是诵读学习孔子之学，现在不加分辨一律用以重刑，恐怕天下人心不安。"秦始皇不但不听，反而更加恼怒，竟把自己的儿子赶出咸阳，让他北上去监督蒙恬抗击匈奴。

禁止私学决议焚书

公元前213年，秦始皇为了庆祝击退匈奴、征服百越，在咸阳置酒大宴群臣。众人争先恐后地向秦始皇歌功颂德。

仆射周青臣趁机赞颂道："以前秦地不过千里，全靠陛下神灵明圣，如今平定海内，放逐蛮夷，日月所照之地皆臣服于秦。以郡县取代诸侯，百姓安居乐业，没有战争之苦，陛下的功绩将会传之万世。自上古以来无人能及陛下的威德。"始皇听后甚悦。

正当大家谈论得兴致勃勃的时候，有个齐地的博士淳于越却说："我听说殷、周称王一千多年，分封了许多子弟和功臣，以辅佐王室。如今陛下统一海内，子弟却为匹夫，未被加封。万一发生齐国田常、晋国六卿企图谋篡夺权之事，没有辅佐之人，谁来相救呢？做事不学古人而能长久者，还未听说。如今周青臣又当面阿谀奉承，只会加重陛下的过错，这不是忠臣之所为。"

二人意见截然不同，秦始皇只好让群臣再行讨论。

李斯认为在这种喜庆的场合实在不宜争论，于是出来说道："五帝做法不相重复，三代也没有沿袭不变，都达到了治国安邦的效果。因为时代变了，治国方式也要跟着变化。如今陛下创建的是万世大业，那些迂腐的儒生岂能知晓其中大义？淳于越所说的都是三代之事，年代久远，不足以效法。以前诸侯并争，才厚待游学之士。如今天下已定，法令一统，有些读书人却一味地颂古非今，惑乱百姓。我认为以前天下不能统一，是因为诸侯并起，说话都是称道古人为害当今，饰虚言扰乱名实。人们都认为自己私下所学的知识是好的，不认同皇上所建立的制度。现在皇上已经统一天下，应该分辨是非确定皇帝的权威。如今一有命令下达，就根据各自所学加以议论，入则心非，出则巷议……这样下去，怎么能令行禁止？我恳请皇帝让史官把不是秦国的书籍，一律烧毁。除了博士官署所藏之外，凡私自收藏《诗》《书》和诸子百家著作的，都要送到地方官那里烧毁。如果聚在一起谈论《诗》《书》，就斩首示众，借古非今的人要满门抄斩。官吏如果知情不报，与犯者同罪论处。命令下达三十天后仍不烧书的，就处以在脸上刺字的黥刑，并发配边疆做筑城的苦役。凡是医药、占卜、种植之类的书，可以保留。如果有人想要学习法令，就拜官吏为师。"

秦始皇竟然同意了李斯的提议，并下诏执行。于是，大批的文化典籍都被付之一炬，成为历史上著名的"焚书"事件。

始皇出游暴死沙丘

公元前210年，秦始皇第五次外出巡游，病死途中。

据《史记》记载，这次出游左丞相李斯跟从，右丞相冯去疾留守咸阳，最小的儿子胡亥也跟随左右。这次巡游一路途径云梦、九嶷山、丹阳、钱唐江、浙江、会稽、南海等地，在九嶷山和会稽分别祭祀了虞舜和大禹，并在南海刻石颂秦德。接着北上琅琊、芝罘，最后返程西归，行至平原津的时候秦始皇突然得病。由于秦始皇一生追求长生不老忌讳死，众臣无人敢议论后事。

大队人马继续西行，至沙丘即今河北广宗县附近，已是次年七月。秦始皇病情不但没有好转且日益加重，只得暂停在沙丘养病。在病重之际，命主管皇帝车马的车府令赵高起草诏书给长子扶苏，让其到咸阳商议秦始皇的身后事。诏书已封，未交给使者发出。

七月，始皇崩于沙丘平台。

丞相李斯考虑到皇帝死在外面，恐怕诸皇子争位，也怕天下趁机大乱，故密不发丧。将棺材装入辒凉车中，继续向咸阳行进。一路照旧给秦始皇进贡御食，百官也奏事如故，宦官在车中应付百官奏事。

始皇驾崩之事只有胡亥、赵高、李斯及侍奉宦官五六人知情。赵高是个颇有心机之人，精明能干且熟悉法令，秦始皇曾令他教导胡亥学习法令，与胡亥关系甚密。赵高与秦始皇的亲信重臣蒙恬不睦，担心一旦与蒙恬同在北方驻守的扶苏登上皇位，将会对自己不利。于是，赵高与胡亥、李斯密谋毁掉秦始皇给扶苏的诏书，扣留符玺，假传诏书立胡亥为太子，赐死扶苏、蒙恬。扶苏见到诏书当即自杀，蒙恬认为诏书可能有诈，不肯轻生，却也被关押在狱，遭受迫害蒙冤而死。

车队加速向咸阳进发，但七月正值酷暑，天气炎热，尸体已经腐烂，臭气熏天。于是，就在车中放入一石鲍鱼，以乱其臭，借以蒙骗外人。

车队回到咸阳之后才发布诏告，办理丧事。胡亥顺利即位，成为秦二世皇帝。

秦始皇虽然忌讳死，但即位称王的那一年，也才刚刚十四岁，就开始为自己修建陵寝。公元前209年，被称为"千古一帝"的秦始皇的灵柩葬入了那座空前绝后的骊山墓中。

赵高专权指鹿为马

沙丘之变中赵高可谓功不可没，秦二世胡亥登上帝位后，越发专宠宦官赵高，赵高也倚仗着二世的恩宠越发的专横。

胡亥当了皇帝后，对自己的兄弟姐妹非常残忍，处死了二十多个兄弟姐妹。胡亥的兄弟将闾等三人比较沉稳，胡亥找不出陷害的罪名，就将他们三人关在宫里。后来，赵高派人逼着他们自尽。除了自己的兄弟姐妹，胡亥在赵高的唆使下，对朝中的大臣也大开杀戒。

公元前208年，赵高设计陷害李斯，说李斯的权力大过皇帝等，二世竟将李斯交给赵高审理，李斯无法忍受酷刑的折磨，只得认罪，最后被处以极刑，李斯的全家也都被杀害。赵高顺理成章地当上了宰相，二世胡亥又是一个只知享受的皇帝，赵高将自己的亲信安插到重要部门，一切大事均由自己把持，也就成了秦朝的实际掌权者。

赵高的野心不断膨胀，虽然已经是权倾朝野，但还不满足甚至想要篡夺帝位，同时又担心群臣不服。于是就制造了一出"指鹿为马"的闹剧来试探群臣。

一次，赵高骑一头鹿跟随二世出行，二世就问："丞相为何乘一头鹿呢？"赵高一本正经地说："这是一匹马。"二世笑着说："丞相搞错了吧，把鹿当成马。"赵高说："陛下如果认为臣的话不对，可以问问群臣。"大臣当中有一半为了迎合赵高而说是马，有一半说是鹿。在这样的情况下，二世也不能坚持自己的看法只能顺从赵高的说法。事后说是鹿的大臣多遭到赵高的迫害。从此，大臣们更加惧怕赵高。

在赵高的专权独断下，昏庸无能的秦二世最后被迫自杀，赵高也被扶苏之子所杀。

大兴土木统治残暴

秦始皇喜好建造宫殿，在灭六国的过程中，每消灭一个国家，就命人绘制该国的宫殿图，然后在咸阳照样仿造。仅咸阳的周围就建有宫殿二百七十多座，关内有行宫三百多座，关外有行宫四百多座。在这些宫殿中，规模最大的是阿房宫，由于秦末被项羽烧毁，已无法知道其规模究竟有多大。据史书记载，阿房宫的前殿东西有五百步，大约七百米，南北五十丈，大约一百一十米。庭中可容一万人，殿中可立起五丈高的大旗。殿门用磁石砌成，主要用来防止有人带兵器行刺。门前排列着十二个铜人，这些铜人是初并天下时收缴民间兵器销毁改铸的。修建这庞大的工程征发了所谓的"罪人"七十余万，从北山运石料，从楚、蜀运木材等，耗费巨大。杜牧在《阿房宫赋》中也有类似的记载："六王毕，四海一；蜀山兀，阿房出。覆压三百余里，隔离天日。"

　　这个庞大的工程在秦始皇死的时候还未完工。秦始皇在大修宫殿的同时，也没忘为自己修建陵墓。在他十四岁刚登上王位就开始在骊山修建陵墓。陵墓高五十余丈，周围五里，十分豪华。因墓室较深，为防止泉水渗入，就用铜汁浇铸。墓顶用珠宝镶嵌，犹如日月星辰，墓中用水银做成江河湖海，墓室里有宫殿及文武百官的位次，均仿照在世时的样子。墓中燃烧的烛用人鱼膏做成，这种人鱼据说是一种生在东海中的四脚鱼。为防止有人进入墓中偷盗或破坏，墓内机关重重。

　　因为大兴土木修建阿房宫、骊山墓、长城、驰道等，每年都要征调大批百姓去服役，有时男子不足还要征发女子，各种劳役使百姓苦不堪言。

　　秦朝实行法治，百姓除了承受繁重的赋税和各种徭役，还要受到严刑峻法的迫害。秦的法律残酷，刑法较多，一人犯法，常常罪及三族。据记载，当时牢狱皆满，被押解的囚徒甚至会阻塞道路。

　　秦始皇的长子扶苏曾劝说秦始皇天下初定，不宜以法治治天下。但秦始皇一意孤行，其残暴统治加剧了各种矛盾，王朝统治岌岌可危。

走投无路陈胜揭竿

　　秦始皇的残暴统治已经激起了民愤，秦二世胡亥即位后，赵高专权，统治更加残暴。胡亥不但昏庸残暴，而且穷奢极欲、荒淫无度，为了满足自己奢侈荒淫的生活，一方面横征暴敛，一方面实行严刑峻法。社会矛盾空前激化，终于爆发了中国历史上第一次农民大起义。

公元前209年，秦朝征调九百名贫苦农民到渔阳蕲县戍守边郡。陈胜、吴广也在被征发之列，陈胜是一个很有志向的年轻人。在当长工的时候，有一次在田间劳作对同伴说："苟富贵，勿相忘。"大伙都讥笑他当个长工，哪里能够富贵。陈胜叹了一口气说："燕雀安知鸿鹄之志哉！"

当他们走到蕲县大泽乡时，因大雨冲毁道路，耽误了行期，不能如期到达。按照秦朝的法律，是要被处斩的。陈胜、吴广就商议说："如今已经延误，到达渔阳也是送死，与其等死，不如共图大事。"

陈胜、吴广利用当时人们大多迷信鬼神的特点，想出一条计策。他们在一块绢帛上写下"陈胜王"三个大字，塞进一条鱼肚里。戍卒买鱼回来，剖开肚子发现字条，无不奇怪，纷纷窃窃私语。夜里吴广又跑到附近的祠堂中，学狐狸叫，接着大喊："大楚兴，陈胜王！"戍卒一夜惊恐，第二天，都在谈论这件事，且在背后偷偷指着陈胜。

陈胜、吴广见时机已经成熟，吴广故意跑去激怒一个喝醉的尉官，尉官果然大怒，打了吴广，还拔出剑来威吓，吴广趁势夺过剑杀死了尉官。陈胜也过来杀死了另一个尉官。

陈胜将众人召集起来说："我们遇到大雨，已经耽误了到达的日期，误期当斩，即使侥幸活下来，戍守边塞十有六七也会死掉。既然都是死，何不干一番大事业呢。王侯将相，也非天生！"人们受到秦朝的压迫已经很久了，众人都愿跟着起义。

陈胜自立为将军，吴广为都尉，由于戍卒皆楚人，于是称"大楚"。接着，起义军斩木为兵器，揭竿为旗帜，一举攻占了大泽乡。历史上把这件事称为"揭竿而起"。

陈胜、吴广的部队得到越来越多的农民的拥护，不少农民纷纷来投军。起义军一路打下不少县城，很快逼近了秦朝的军事重地陈县。这时，陈胜、吴广的部队已发展到数万人马，不久就攻下了陈县。陈胜召集当地的三老、豪杰来议事。大家都说："陈将军亲自上阵，讨伐诛灭无道的暴秦，论功劳应该称王。"

陈胜被拥戴为王，国号"张楚"，建立了我国历史上第一个农民政权。虽然起义最后被秦军镇压，但是却沉重打击了秦朝的统治。

刘邦项羽举兵反秦

陈胜、吴广起义犹如星星之火，迅速在全国蔓延开来。各地受到秦朝压迫的贫苦百姓纷纷响应陈胜、吴广，义军中多是深受徭役、赋税之苦的农民，也有一些秦朝的官吏和战国时的贵族。在这些起义者中，出现了两位著名的人物，那就是刘邦和项羽。

刘邦出身于一个地道的农民家庭，曾是沛县泗水亭亭长，亭长负责一亭之内的社会治安和邮传，也兼管征调、押送之类的差事，是秦朝的基层小官吏。一次，刘邦"为县送徒骊山，徒多道亡"，于是刘邦就带领愿意跟随他的十几个人，逃到芒砀山中等待时机。这时，陈胜、吴广起义给刘邦带来了希望之光。

此时，沛县周围不少地方已被义军攻占，为摆脱被义军所杀的困境，沛县县令也想举兵起义，但又犹豫不决。县吏萧何，狱掾曹参与刘邦关系不错，正想借机帮助逃亡在外的刘邦，就对县令说："您是秦朝官吏，如果起兵，怕百姓不肯听您号令，不如推举一位逃亡在外且有号召力的人来担任。"县令听后也觉得有理，就派樊哙去召刘邦。刘邦在芒砀山也已聚集了一百多名反秦义士，带领着大家浩浩荡荡地来到沛县。县令见刘邦声势浩大，又开始反悔，不肯开城门。刘邦就命人写了一封具有号召力的讨秦檄文，用箭射入城内，得到了城内父老的响应。于是，父老豪杰杀死县令，打开城门，拥立刘邦为沛公。刘邦召集沛县子弟，正式举起了反秦的大旗。

就在刘邦起义的这年九月，项梁、项羽也在会稽举起了反秦的旗帜。项梁本是楚国贵族之后，出身将门，其父是楚国名将项燕。秦灭楚后，项羽跟随叔父项梁逃至吴县。陈胜、吴广起义后，会稽郡郡守也想响应起义，就任命项梁为将。项羽不但力能扛鼎，而且胆气过人。项梁与项羽合谋，项羽出其不意地杀死了郡守，然后号召全郡官吏豪杰，迅速召集了八千精兵，渡江而上，成为张楚旗下的一支大军。

至此，轰轰烈烈的反秦斗争已全面展开。

遭遇挫折陈吴就义

陈胜、吴广起义很快席卷全国，不到三个月的时间，各地都打着恢复六国的旗号，纷纷自立为王。

陈胜、吴广占领秦的军事重地陈县之后，将主力兵分三路，一路由周文率领，经函谷关向西进攻，直逼秦朝国都咸阳；一路由宋留率领，打算进攻关中地区的东南要塞武关；一路由吴广率领，进攻军事要地荥阳。

周文率领大军一路势如破竹，很快逼近咸阳。秦二世这才开始意识到问题的严重，慌忙派大将章邯释放在骊山做苦役的囚犯、奴隶以及囚犯、奴隶的子女，组成一支临时的军队，出城迎敌。

周文虽是一位难得的将才，但部队多由沿途百姓组成，缺少训练，而且六国忙着占领各自的地盘，唯恐被别国趁机抢占，谁也不愿去支援义军，导致周文缺少后援。章邯带领的是一帮想要立功赎身的囚徒,他们个个拼死作战。所以,周文孤军奋战,接连失利,不得不退出关中。在没有援军的情况下,周文率众坚守了两个多月,最后在渑池被章邯打败。周文自刎,西路主力至此被摧毁。

周文失败后,章邯率领大军又开始进攻荥阳。吴广进攻荥阳,遇到的是秦军的主力部队,将领是丞相李斯的儿子李由。荥阳久攻不下,吴广军队又出现内讧,部将田臧认为周文已败,吴广难成大事。于是假传陈胜命令,杀死吴广,自己率领义军出击,结果也是兵败被杀。

章邯乘胜追击,直达义军大本营陈县。由于主力兵分三路出击,陈县已是兵力空虚。陈胜虽奋力抵抗,但仍难以克敌,不得不放弃陈县,撤退到下城父。在起义后的第六个月,陈胜被他的车夫庄贾杀害,首级也被庄贾拿去向秦军邀功请赏。

宋留率领的义军起初攻占了南阳,但是陈胜死后,南阳被秦军夺取,宋留投降秦朝,为秦二世所杀。

陈胜、吴广发起的中国历史上第一次大规模的农民起义,随着陈胜、吴广二人的牺牲,反秦斗争暂时告一段落。

刘项大军直捣咸阳

陈胜、吴广起义虽然失败了,但也沉重打击了秦的统治,为后起的刘邦、项羽创造了有利条件,刘邦、项羽继续领导反秦斗争。

刘邦、项羽起义后,队伍迅速发展。项梁、项羽渡江后与陈婴义军会合，接着英布等数路义军加入。不久，刘邦、吕臣等也率部前来会合。队伍不断壮大，转战大江南北，再次掀起了反秦斗争的高潮。

陈胜、吴广义军失败后，项梁召集各路义军首领共商反秦大计。谋士范增认为，楚人反秦最强烈，如果立楚国王室后裔为王，肯定很有号召力。于是，就在民间找到了正在放羊的楚怀王的孙子熊心，将其拥立为义军共主，号楚怀王，项梁自称武信君。

各路义军拥立楚怀王之后，在军事上不断取得胜利。义军首先重创了秦朝大将章邯，接着又杀死了李斯的儿子李由，严重打击了秦军。但是项梁却因此骄傲轻敌，给章邯以可乘之机，章邯在定陶袭击了义军并杀死了项梁。章邯趁机围攻张耳、陈馀两部，张、陈被迫退至巨鹿，不得不向楚怀王求救。楚怀王召集各路义军商议之后认为项羽相对鲁莽，而刘邦比较忠厚，于是决定兵分两路，北上救张、陈之困就交给范增、宋义、项羽所率领的义军；刘邦则率领义军直接杀进关中。楚怀王还和诸将约定，谁先攻下咸阳，谁就做关中王。

宋义率领义军到达安阳后便按兵不动，滞留一个多月。项羽急于攻打秦军，为叔父报仇，便不断催促宋义，宋义不但不听反倒讥讽项羽有勇无谋。行军途中宋义还将儿子送到齐国当宰相，行至无盐时，天降大雨，士兵饥寒交迫，而宋义还饮酒作乐。项羽利用士兵对宋义的不满，直接冲进军帐将宋义斩首，然后对士兵说："宋义背叛大王，我已奉命将其处死。"士兵也都拥护项羽，楚怀王只好任命项羽为上将军。

至此，刘邦、项羽率领大军直逼咸阳，只知吃喝玩乐的秦二世还不知自己的好运即将到头。

巨鹿之战破釜沉舟

项羽杀死宋义当了上将军之后,名震诸侯,项羽的勇猛与霸气年轻时就已经显露出来。项羽少时读书,没学多久便厌倦了。后来又去学剑,也没学成。项梁很生气,项羽却说:"书足以记名姓而已。剑一人敌,不足学,学万人敌。"于是项梁又教他兵法,项羽大喜,但略知其意后又不肯学了。

据《史记》记载,项羽"长八尺余,力能扛鼎,才气过人"。年轻时就有很远大的志向。秦始皇游会稽,经过浙江的时候,项羽在路旁看到经过的车队人马,便对项梁说:"我可以取代他。"项梁也因此觉得项羽将来可成就一番事业。

项羽成为上将军之后,先派大将英布、蒲将军率领两万人马北上,切断章邯与王离的联系。自己率领主力部队渡过漳河后,为表必胜之决心,命令将士只带三天的干粮,并且把做饭的炊具全部砸坏,把渡河的船只凿沉,这就是历史上有名的"破釜沉舟"。

已无退路的楚军将士"无不以一当十",个个勇猛异常,在巨鹿城外,切断了秦军粮道。大军围攻巨鹿,双方展开激战,义军怀着誓死的决心和勇气,九战九捷,击溃了秦军。

项羽与秦军交战的时候,其他前来救援的十几路军马不敢与秦军交战,躲在营内偷偷观战。项羽击败了秦军后,诸侯才敢前来拜见项羽,但都跪在地上,不敢仰视。

从此,项羽威震天下,大家推举项羽为"诸侯上将军",成为各路义军的首领。

巨鹿之战,项羽以数万兵力大败秦军四十万大军,成为历史上著名的以少胜多的战役。经此一战,秦朝已是名存实亡。

张良献计刘邦入关

张良是战国时期韩国的贵族，秦灭韩后，曾在博浪沙行刺秦始皇，行动失败后，隐居下邳。据《史记》记载，张良在下邳遇到黄石公，黄石公给了张良一本书并告诉张良读这本书能成为王者师。张良得到老人送的《太公兵法》后，日夜研读，终于成为一位深明韬略、足智多谋的"智囊"之士。

秦末，张良归附刘邦，成为刘邦的重要谋臣。刘邦率领义军进攻洛阳失利后，向南转战，打败南阳郡守，南阳郡守退到宛城固守。刘邦急于灭秦，见宛城一时攻取不下，就打算绕过宛城继续向关中进发。张良认为不可行并分析说："向西还有很多秦军守险据要，现在不攻下宛城，一旦宛城的秦兵追杀过来，前有强秦，后有追兵，就会很危险。"刘邦于是采纳张良的建议，绕道回师，然后突然发动袭击，将宛城包围，迫使退守此地的南阳郡守投降。此后刘邦西进，一路势如破竹，进入关中。

刘邦大军抵达峣关后，打算强攻，峣关是南阳与关中的交通要塞，易守难攻，也是通往咸阳的最后一道关隘，秦设重兵在此扼守。张良说："现在还不能轻敌，不如先在周围山上多插一些旗帜，用来迷惑敌人。然后派郦食其、陆贾去游说秦将，并用重金收买他们，待他们懈怠之时可一举破之。"刘邦依计而行，秦将多商贾子弟和好利之徒，刘邦派来的说客又以高官利禄相诱，早有归降之心的秦军果然愿意反攻咸阳。

于是，刘邦率军绕过峣关在蓝田大败秦军，取得了进军关中的最后一战的胜利。刘邦乘胜追击，进驻霸上，逼近了秦都咸阳最后的门户。

子婴投降秦朝灭亡

刘邦和项羽的军队步步逼近关中的时候，赵高派亲近杀死了秦二世胡亥，去秦帝号，立子婴为秦王。子婴不甘心充当赵高的傀儡，与自己的两个儿子合谋在斋宫刺杀了赵高。

咸阳之外，反秦起义已是如火如荼。刘邦率军进驻霸上，都城咸阳已是朝不保夕。项羽领导的义军也是所向披靡，一路高歌猛进。在河北战场，秦朝大将章邯战败，率领主力部队投降了项羽。项羽率军沿黄河南岸日夜兼程赶往函谷关，争取早日入驻咸阳，以免耽误当日楚怀王定下的先入关中为王的约定。

当初楚怀王身边的几位老臣认为项羽性格暴躁，刘邦入关更合适，所以约定先入关者为王，在战略部署上给了刘邦很大的优势。派项羽北上救赵，实际上项羽在巨鹿牵制着秦军的主力部队，关中空虚，就为刘邦入关创造了有利的条件。

项羽虽然骁勇善战，但一方面要对付秦军主力部队，一方面路程相对较远，最终还是落后于刘邦一步。

秦军主力部队被项羽打败，咸阳最后一道关隘被刘邦击破，秦王子婴已是无兵可战，无险可守。于是，刚刚当了四十六天秦王的子婴只得白马素车、玉玺符节出城向刘邦投降。至此，秦朝灭亡。

刘邦进入咸阳后，听从张良、樊哙等人的建议，并未抢掠秦朝的珠宝图册，而是退军霸上，与关中父老约法三章，得到了关中父老的支持。萧何入宫则把秦朝的档案、户籍、图书等收集起来，就掌握了秦朝的土地、户口等，为以后汉初统治奠定了基础。

刘项争雄鸿门宴会

项羽西进行至函谷关时，发现已有士兵把守，且听说刘邦已经攻破咸阳，还禁止其他军队进入。登时大怒，派当阳君英布攻破函谷关，率四十万大军驻扎于新丰鸿门。刘邦只有十万军驻扎在霸上，见势不妙，赶紧向项羽赔罪。

刘邦的左司马曹无伤曾派人告诉项羽刘邦现在志向不小，应当防范。项羽手下的谋臣范增也劝谏项羽说："刘邦以前贪财好色，入关后却不取财物女人，看来志向不小，将军应该趁早防范，不如现在杀了他。"项羽也当即应允。没想到项羽的叔父项伯与刘邦的手下张良关系不错，竟将此事告诉了张良，还约张良一起逃走。更没想到的是项伯反倒被张良拉拢，刘邦把女儿许给项伯，又向项伯献酒请他去项羽那里求情，唯利是图的项伯满口答应。

项伯回来对项羽说："如果不是刘邦先破秦入关，将军也不能这么快进入关中，刘邦也是有功劳的，如果现在攻打刘邦，实在是不义之举。"一向鲁莽并无主见的项羽竟然又觉得项伯的话也有道理。

第二天一早，刘邦率领一百多人来鸿门见项羽，范增示意杀掉刘邦，项羽优柔寡断，并未动手。刘邦赶紧向项羽谢罪说："我与将军合力攻打秦军，将军战河北，我战河南，以将军的英勇，我自己也没料到我能先一步入关中。现在有小人挑拨，使将军与我产生误会。"项羽脱口而出："你的左司马曹无伤说你要做关中王，让子婴当宰相，并且要占有全部的珠宝，不然，我何至如此。"然后，让人摆宴与刘邦对饮。

席间，范增几次以眼色示意项羽，又再三举起所佩玉玦，暗示他杀了刘邦，无奈项羽只顾饮酒，毫无回应。范增只得起身出去招来项庄，让他以舞剑助酒为名，寻找机会刺杀刘邦。项庄进来敬酒说："请让我舞剑以助兴。"项庄拔剑起舞，项伯也拔剑起舞，且常以身体掩护刘邦，使项庄无法行刺。

张良看形势紧张就到门外对樊哙说："现在项庄舞剑，其意常在沛公。"樊哙立即带剑拥盾入军门，怒目而视，头发上指，目眦尽裂。项羽赐之卮酒与生彘肩，樊哙拔剑切而啖之，项羽又问："壮士，还能饮酒吗？"樊哙对曰："臣死且不避，喝酒算什么！秦刑罚严酷，杀人甚众，天下叛之。当初有约，先入关者王，现在沛公先入咸阳，分毫未取，还军霸上，以待大王来。劳苦功高如此，未有封侯之赏，将军还欲诛杀有功之人。这样做正是暴秦的延续啊，大王不该这样！"

项羽无言以对，刘邦趁此机会，起身如厕，与张良商议后留下礼物从小路逃走。

张良估计刘邦差不多回到霸上了，就将礼物献给项羽。范增接过礼物则摔在地上，然后说："唉！竖子不足与谋。夺项王天下者必沛公也。吾属今为之虏矣！"

刘邦回去立刻杀了曹无伤。这次鸿门宴项羽错失良机，放走刘邦，对今后的楚汉战争的走势产生了重要影响。

西楚霸王分封诸侯

鸿门宴之后，项羽率军进入咸阳，在全城烧杀抢掠，已经投降的秦王子婴也被杀死，将宫中的珍宝美女一并掠走，然后放火烧了秦王宫。大火三月不熄，宫毁人亡，咸阳百姓流离失所。

项羽见宫室都已烧毁，就想回江东老家。这时一个叫韩生的谋士劝谏项羽说："关中富饶之地，可以成就王霸之业。"项羽认为："富贵不还乡，有如锦衣夜行。"就派人让楚怀王进行封赏。楚怀王依旧坚持之前的约定："仍如旧约，先入关中者为王。"

项羽得不到楚怀王的封赏，十分恼怒，假意尊楚怀王为义帝。在得到楚怀王的同意后，于公元前206年，自立为西楚霸王，封地为梁、楚等九郡，定都彭城。然后大行分封，共分封了十八个诸侯王，分别是汉王刘邦，雍王章邯，常山王张耳，九江王英布，衡山王吴芮，临江王共敖，塞王司马欣，翟王董翳，西魏王魏豹，河南王申阳，殷王司马卬，代王赵歇，辽东王韩广，韩王韩成，燕王臧荼，胶东王田市，齐王田都，济北王田安。

项羽分封完诸侯，让诸侯各自前往自己的封国。项羽趁机将义帝贬迁到长沙，并暗中让衡山王吴芮、临江王共敖在南下途中将其杀死。

刘邦功劳虽大，但是项羽却将刘邦分封到偏远闭塞的巴、蜀、汉中等地。刘邦对项羽的做法愤恨不已，但兵力悬殊，还不是项羽的对手，只得听从周勃、灌婴、萧何、张良等人的建议，先入巴、蜀、汉中休养生息。张良建议刘邦沿途烧毁栈道，表示自己无意东归与项羽争霸，也可提防其他诸侯偷袭巴、蜀地区。

项羽见最放心不下的刘邦已西去，便不再防备刘邦。

诸侯反叛项羽平乱

项羽分封，并未真正做到论功行赏。除了最明显的刘邦功高赏薄之外，对其他诸侯的势力也进行了重新整合，没有依据实际情况进行分封，这就为诸侯叛乱埋下了祸根。另一方面,项羽比较意气用事,在分封之后,没有严格执行分封方案,随意更改,严重损害了一些人的利益。分封之后项羽放弃了"可以成就王霸之业"的关中地区,一路向东征略地。

项羽将齐地一分为三,分封给胶东王田市,齐王田都,济北王田安,却因个人恩怨而未对田荣进行分封。这就引起了田荣的不满,田荣首先反叛项羽,田荣不但自己反叛项羽,还拉拢同样对项羽分封不满的彭越与陈馀一起造反。项羽率军去齐地平定田荣,又给刘邦创造了机会,刘邦开始进军关中。项羽一面封郑昌为韩王,派其去阻挡刘邦,一面派萧公角阻击彭越。萧公角被彭越打败后,张良伪造韩王书给项羽,说刘邦只想得关中,不会向东用兵。于是项羽放松了对刘邦的戒备,专心去攻打齐国。项羽征召九江王英布前来帮忙,但英布借口有病,只派手下率领几千人前往,项羽因此与英布结怨。

项羽北上城阳与田荣交战,田荣战败逃往平原,在平原被杀。项羽不但烧毁齐国房屋,还将投降的将领士卒全部坑杀,把掳掠来的男女老幼迁往北海,一路死伤无数,引起齐国人的共愤,田横趁机召集数万齐兵反攻城阳,牵制了项羽的兵力。

刘邦率军由关中向东攻打项羽的都城彭城,项羽闻信,只得留部将在齐继续作战,自己率领精兵回援彭城。项羽大破刘邦军,夺回彭城。刘邦逃往下邑,各路败军先后前来会合,萧何发动刘邦曾经约法三章的关中百姓投奔刘邦,使刘邦得以重整旗鼓。

各地诸侯的叛乱,削弱了项羽的实力,导致项羽即使乘胜追击刘邦,也无法取胜。

汉王韬光巩固后方

项羽对刘邦先入关一直耿耿于怀，而且认为楚怀王坚持"先入关者为王"的约定是偏袒刘邦，故分封时把刘邦分到偏远的不毛之地——汉中。为了防范刘邦，项羽将关中一分为三，封秦降将，章邯为雍王，都废丘，司马欣为塞王，都栎阳，董翳为翟王，都高奴，以扼制刘邦，同时还把刘邦的军队削减到三万人。刘邦自然是十分恼火，但无力抗衡西楚霸王，只得听从部下的劝说，暂且忍气吞声。好在张良用重金收买项伯，又给刘邦多分了巴蜀之地。

进入汉中之后，刘邦采纳张良的建议，立即烧毁栈道，以示不再东出，用以麻痹项羽，让项羽放松对自己的戒备。刘邦烧毁栈道并不是"自毁出路"，只是烧给项羽看的，实际上是从战略上为自己赢得机会。

其后，刘邦以汉中为基地，休养生息，不断发展壮大，为东出做准备。巴蜀、汉中虽然偏远，但汉中军事位置优越，地处秦岭的谷地，易守难攻，且是连接关中和巴蜀的必经通道。刘邦在汉中整治黄河水患，将秦朝的围猎之地分给当地百姓耕种，一方面赢得民心，另一方面发展生产，壮大实力。巴蜀地区自古物产丰饶，成为刘邦复出的后援之地。刘邦在汉中韬光养晦、励精图治，为之后东出与项羽争夺天下奠定了物质基础。

刘邦还善于采纳别人的意见，网罗人才。刘邦走出汉中离不开韩信的帮助。韩信自幼家贫，且因"胯夫"之名被人耻笑懦弱。在萧何的建议下，刘邦重用韩信，封韩信为大将军，才有了后来的明修栈道，暗度陈仓，平定三秦等一系列的胜利。

经过发展，刘邦实力不断壮大，东出争夺天下已成必然之事。

萧何月下追韩信

刘邦封汉中，拜萧何为丞相。萧何作为丞相兢兢业业，对刘邦尽职尽责，为刘邦出谋划策，网罗人才。大将韩信能得到刘邦重用萧何功不可没。

秦末各地义军蜂起，韩信最初投在项梁旗下。项梁死后，韩信在项羽帐下任侍卫，多次献计未被采纳。于是弃楚归汉，投奔刘邦入汉中，但仍未得到重用。

萧何与韩信论天下事，知其是个难得的奇才。萧何还未来得及向刘邦举荐，却听说韩信不辞而别。萧何听说韩信走了，等不及报告刘邦，立即骑马追赶。刘邦听人说萧何也走了，很是生气，一时"如失左右手"。

萧何星夜兼程，终于追上韩信，将韩信追回。对此事《史记》记载极为简略，只说萧何"闻信亡，不及以闻，自追之"。戏剧和小说对萧何月下追韩信做了较多的演绎。如著名的京剧则将萧何怎样追韩信及如何将其劝回作了发挥：

萧何：白【将军那将军！千不念万不念，不念你我一见如故】

【二簧快三眼】：是三生有幸，

天降下擎天柱保定乾坤。

全凭着韬和略将我点醒，

我也曾连三本保荐于汉君。

他说你：出身低贱不肯重用，

那时节：怒恼了将军，跨下了战马身背宝剑就出了

东门。

我萧何闻此言雷轰头顶，

顾不得；这山又高、水又深，

山高水深路途遥远，

忍饥挨饿来寻将军。

望将军，你还念我萧何的情分，

望将军，你且息怒、你暂吞声、你莫发雷霆。

随我萧何转回程，

大丈夫要三思而行。

萧何回来之后去拜见刘邦，刘邦又怒又喜，责骂萧何："你为何也要离开？"萧何说："臣不敢离开，臣是要去追离开的人。"

当刘邦听说萧何是去追韩信，再次大骂萧何："走了那么多将领，你不追，为何偏追韩信，有诈吧？"

萧何说："诸将易得，至于韩信，国士无双。汉王要长期做个关中王，可以不用韩信；如果要争夺天下，那就非信无所与计事者。至于如何决定那就全看汉王您的打算了。"

刘邦说："我也想东进，怎能久居于此。"

萧何说："汉王如欲东进，能重用韩信，他就会留下来，不能重用，韩信终究会离开。"

"那就让他做个将军吧。"刘邦说。

萧何认为刘邦一向傲慢无礼，现在拜大将如呼小儿，这也是韩信离开的重要原因。萧何建议刘邦择良日，斋戒，设坛场，礼数齐备方可。刘邦一一答应。

刘邦筑坛韩信拜将

刘邦答应萧何正式拜韩信为将军,选定良辰吉日,设置坛场,礼数周全而隆重。诸将皆喜,人人以为自己会被封为大将军。

等到拜将之日,却见登上坛场的是韩信,满军皆惊。

拜将之礼结束后,赐上坐,刘邦对韩信说:"萧丞相一直称赞将军国士无双,不知将军要教我什么计策?"韩信却反问刘邦:"大王想要争夺天下,主要对手是不是项王?"刘邦如实回答,韩信接着问:"大王觉得勇悍、仁厚能比得上项王吗?"刘邦默然良久说:"不如项王。"

韩信接着说:"我也认为大王不如项王勇悍、仁厚。我曾在项王手下做事,就让我为大王分析项王的为人吧。项王怒喝一声能叱咤风云,惊倒千人。但是不能任用贤将,这只能算匹夫之勇。项王见人恭敬慈爱,能体恤将士,但有人有功当赏,却又舍不得封赏,这是妇人之仁。再者,项王虽霸天下而臣诸侯,不居关中却定都彭城,违背当初义帝之约。分封不公,诸侯不平。项王残暴,天下多怨。虽为霸王,实际上已失去民心。"

"现在大王如能反其道而行,任用勇武之士,必能攻无不克,以城邑分封功臣,必能收服人心。关中三王皆为秦将,这几年杀人不可胜数。且项王当初坑杀秦军降卒二十余万,唯独章邯、司马欣、董翳三人得以封王,因此,关中百姓对这三人和项王恨之入骨。大王入关之时,秋毫无所害,且废除秦朝苛法,与民约法三章,关中百姓无不希望大王能做关中王。按照义帝之约,大王也当为关中王。如今大王举兵东征,三秦可传檄而定。"

刘邦听后大喜,只恨与韩信相见太晚。刘邦遂从韩信之计,着手部署东征之事。

暗度陈仓平定三秦

刘邦最终决定东出，一方面是将士思念故土，士气低落，另一方面田荣在齐起兵反对项羽分封不公。再加上韩信拜将后为刘邦分析当前形势，让刘邦看到了东出的希望。刘邦将大后方交给萧何管理，亲自和韩信准备东征之事。

刘邦进入汉中时采取张良之计烧毁栈道，现在为了迷惑敌人，又采用韩信之计故意修建栈道。实际上，刘邦则率兵从汉中驻地南郑经故道而出，袭击陈仓守军将领章邯。汉将范目等人率军从山间小路绕至陈仓后面，与刘邦形成前后夹击之势，大败章邯于陈仓。

刘邦派樊哙击败章邯骑兵，曹参夺取雍城，章邯退守废丘，与守好畤的章平互为犄角。刘邦亲自率军包围废丘，曹参、周勃、樊哙攻下好畤，接着乘胜攻克咸阳。

占领咸阳后，首先要切断三秦与关东的联系，而函谷关正是三秦与关东的要塞。塞王司马欣是项王耳目，故在此扼守。刘邦派战功卓著的灌婴去对战司马欣，同时让周勃北上进攻漆县，然后追击败退的章平。章邯向另外二秦求援，刘邦又派曹参在景陵据险而守，抵挡了前去救援的章平等三秦军二十多日，为灌婴消灭司马欣赢得了时间，接着曹参回援大破三秦军。

平定司马欣之后，刘邦派军平定北地和上郡，在焉氏打败雍王章邯的残余部队，派丁复、朱轸等北上袭击翟王董翳，在高奴大破之，翟王投降。

三秦之战历时八个月，至此，刘邦已基本平定了关中，占据了战国时期秦国的地盘，为刘邦统一天下建立了大本营。

彭城兵败下邑定谋

诸侯叛乱,项羽忙着平乱,无暇西顾,刘邦趁机夺取关中。公元前205年,刘邦继续东进至洛阳。在洛阳,刘邦接受董公"兵出无名,事故不成"的建议,以项羽杀害义帝为名,打着为义帝报仇的旗号,令三军发丧,服孝三日,并发布檄文:"天下共立义帝,北面事之。今项羽放杀义帝于江南,大逆不道。寡人亲为发丧,诸侯皆缟素。悉发关内兵,愿从诸侯王击楚之杀义帝者"。檄文一出,得到各路诸侯的响应,迅速集结了几十万兵马。

刘邦趁项羽忙于平定诸侯之乱,将各路诸侯兵分两路:一路由曹参、灌婴率领,北击定陶。一路自己亲自率领,以张良、陈平、韩信、吕泽、张耳、夏侯婴、樊哙为部将以及诸侯军大败楚将。

刘邦派樊哙北上阻止项羽南下;向东攻打下邑,派吕泽驻守,自己率众东进入彭城。项羽自率三万精兵疾驰南下,绕至彭城西,趁刘邦放松戒备,于清晨突然发动袭击,下邑失守,刘邦大败撤出彭城,往泗水方向逃去。项羽穷追不舍至濉水,刘邦损失人马数十万。

诸侯见刘邦战败,转而投向项羽。三秦之战中投降的塞王司马欣和翟王董翳又投到项羽麾下。魏王豹回到荥阳,背叛了刘邦。刘邦的父母、妻子也被楚军抓去作人质。刘邦逃亡途中遇见自己的一双儿女,为了减轻马车重量竟将子女推下车。夏侯婴将孩子救起,刘邦大怒,竟多次要杀了夏侯婴。

刘邦仓皇逃至下邑才得以脱险,在下邑整顿残部进行下一步的规划。刘邦见很多诸侯将领又转投了项羽,此时还不是项羽的对手,就想撤回关中,但已打下的关东土地该如何处置,就询问众臣。张良说:"九江王英布,楚枭将,与项王有矛盾,彭越曾与齐王田荣造反,这两人可利用。而汉王之将唯独韩信可委以重任,独当一面。将关东土地分封给这三个人,则楚可破也。"

刘邦采纳张良的建议，派随何去游说英布，拉拢彭越，又命韩信率军北上，转战燕、赵等地，发展实力。

彭城之战刘邦虽败，但也沉重打击了项羽。

文候救驾终生受宠

夏侯婴，江苏沛县人，与刘邦关系甚好。刘邦当亭长时曾误伤过夏侯婴，秦时法律对伤人处罚较严，夏侯婴为了袒护刘邦，说自己没有受伤。刘邦起兵之后，夏侯婴投奔刘邦，因之前在县府主管车马，所以就做了刘邦的车夫。

夏侯婴跟随刘邦一路攻城略地，夏侯婴驾驶战车技术较高，刘邦特意赐爵封号。夏侯婴随刘邦由沛县起兵到西入关中，再西进巴蜀，后东出平定三秦，挥师夺取项羽老巢彭城，对刘邦一直忠心耿耿。

彭城兵败后，刘邦逃走，路上遇到自己的一双儿女，就把他们也带着。此时，追兵在后追赶，马已经很疲惫，刘邦很是着急，多次把两个孩子踢下车，打算丢弃他们自己逃走，夏侯婴每次又把孩子捡上车，等两个孩子抓紧后才驾车疾驰。刘邦非常生气，多次要杀了夏侯婴，但还是忍住了。最后他们终于逃脱了追兵，刘邦的两个子女也都安然无恙。

刘邦到了荥阳，收集散兵，重整旗鼓，为了感谢夏侯婴救驾之功，特意将祈阳赐给夏侯婴。此后，夏侯婴驾车跟随刘邦参与楚汉战争，直到击败项羽。

汉朝建立后，夏侯婴又驾车随高祖平叛燕王臧荼的叛乱，击败韩信的大军。白登之围解除后，高祖刘邦命夏侯婴驾车快行，夏侯婴却缓慢行走，以免引起匈奴的怀疑，最后平安回到营地。后来，陈豨、英布谋反，夏侯婴也跟着驾车出征。

夏侯婴一直跟随刘邦，一些大将在汉朝建立后，也开始对高祖有些不敬甚至谋反，只有夏侯婴对其不曾有二心，高祖对夏侯婴也信任有加。吕后虽心狠手辣，但当年夏侯婴救了她的两个孩子，所以对夏侯婴也是心怀感激。为了感谢夏侯婴，将皇宫附近的府邸赐给夏侯婴，称为"近我"，以表示对夏侯婴的尊重。

惠帝死后，夏侯婴依然担任太仆一职，吕后死后，夏侯婴仍以太仆的身份入宫，并参与废除少帝，然后用天子法驾迎代王入宫为文帝。

公元前172年，夏侯婴去世，谥为文侯。夏侯婴是唯一一位跟随刘邦起兵，同时得到刘邦和吕后信任与尊崇且善终的一位大臣。

韩信北上木罂渡军

彭城兵败之后，依照在下邑制定的计划，为形成对项羽南北夹击的形势，封韩信为左丞相，北渡黄河，转战燕赵。

魏王豹管辖河东郡，项羽分封天下时所封。刘邦夺取关中后继续东进，魏王豹投降归顺，并随刘邦东进讨伐项羽。刘邦彭城兵败之后，魏王豹又回到自己封地，重新投靠项羽。但是他所掌控的地区具有重要的战略意义，向西可以威胁关中，向南可以切断汉军粮道。为了解除魏王豹的威胁，刘邦先是派郦食其去劝降，不料遭到拒绝。

刘邦任命韩信为左丞相，以灌婴、曹参为将，北上伐魏。

公元前205年，韩信领兵从关中出发。韩信认为魏王豹必将黄河作为天然屏障，把守主要渡口。于是韩信采用声东击西的办法来扰乱敌人，一举渡过黄河，活捉了魏王豹。

魏王豹听说韩信来到黄河岸边，立刻封锁主要渡口，派重兵把守。韩信将大批船只调集到临晋，假装要从这里渡河，暗地里却准备很多木盆、瓦缶，将木缶与木材捆绑在一起做成筏子，准备偷偷从守军较少的夏阳渡过黄河。

韩信命令灌婴带领一万兵马和大量船只，在黄河岸边摆开阵势假装要从临晋渡河。魏王豹率领重兵在黄河对岸严阵以待。韩信却已带领大军主力悄悄来到了夏阳，正当魏王豹以为汉军不敢渡河时，韩信已率众渡过黄河，攻下安邑。汉军一路势如破竹，活捉了魏王豹，平定了魏地，设置河东、上党、太原三郡。接着，韩信领兵三万北击燕、赵等地。

韩信木缶渡军，平定魏地，成为声东击西的著名战役，也消除了魏对关中和黄河以南的威胁。

韩信列阵背水一战

韩信渡过黄河活捉魏王豹之后，继续攻打赵国。要进攻赵国需要经过一个叫井陉口的狭窄山道，赵王手下的谋士认为在此伏击韩信必能取胜。于是，赵王歇与其统帅陈馀聚集二十万大军在井陉口防守。

当时广武君李左车对陈馀说："我听说韩信渡过西河，活捉魏王，生擒夏说，最近血洗阏与。如今汉王又派张耳辅助韩信，计划要攻取赵国，韩信虽远离本土，但乘胜追击的锐气不可阻挡。臣听闻他们路途遥远，士兵面有饥色，军队疲惫。井陉之道，车辆不能并行，骑兵不得成列，军队前后数百里，必将粮车置于最后。希望您可以给我三万奇兵，我从小路拦截他们的粮草，您就挖战壕筑高垒，坚守营地不与交战，这样他们前不得战，后不能退。现在野外荒凉，无所掠食，不出十日，韩信、张耳人头可获。否则，必为二人所擒。"

陈馀是当时的一个儒生，常称义兵不用诈谋奇计，却说："兵书上说，兵力十倍于敌人可围之，超过敌人一倍就可交战。韩信号称数万，实际不过数千，千里而来，疲惫不堪，如果避而不战，诸侯们会认为我们胆怯，就会来攻打我们。"于是，陈馀并未采纳广武君的计谋。

韩信了解到陈馀没有采用李左车的计谋，心中大喜，于是放心率部前进，在离井陉口三十里处安营扎寨。韩信挑选了两千名骑兵，每人拿一面红旗，半夜从隐蔽的小路上山，埋伏在赵军营地附近，并告诫他们："我与赵军交战，如果兵败后退，赵军必会倾巢追击，你们就趁机进入赵军营地，换上我们的旗帜。"骑兵出发后，韩信又传令说："今日破赵军后会餐。"诸将都不相信，只好假装答应。

韩信担心赵军不肯出战，就先派出一万人，背靠河水排列阵势。赵军将士望见大笑，认为韩信不会用兵。天亮以后，韩信竖起大旗，击鼓进军井陉口。双方大战良久，韩信、张耳假装战败，撤入背水阵中，军士开阵迎击赵军，再次大战。赵军果然空营而出，追击韩信、张耳。韩信、张耳领兵进入阵中，军队背水，没有退路，军士皆拼死抗战，赵军不能取胜。韩信之前派出的两千骑兵趁赵军出营交战之际已在赵营换上了汉军的旗帜。赵军见不能擒获韩信、张耳，就想回营休整，不料营中皆汉军红旗，军皆大惊，以为汉军已俘获赵王及将领，军队于是大乱，士兵溃逃，将领虽斩逃兵亦不能禁止。汉军前后夹击，大破赵军，斩成安君于泜水上，擒获赵王歇。

战后将领们依然疑惑就问韩信:"兵法上讲列阵可以背山面水,将军却背水列阵,这是什么战略呢?"韩信说:"兵法上不是说'陷之死地而后生,置之亡地而后存'吗?这是对兵法的活学活用而已。把士兵放在没有退路的地方,一方面交战时他们无路可逃,一方面为了活命必然要拼死抵抗。"

这就是历史上著名的背水一战,充分体现了韩信的军事才能。

谋士陈平弃楚归汉

陈平是秦汉之际著名的谋臣,生于阳武,自幼家贫,好读书。陈平长得很美,与兄嫂同住,但却不事生产。

秦末陈涉起义,立魏咎为魏王。陈平决定前往投靠魏王咎,被任命为太仆,后魏王听信谗言,陈平又改投项羽。项羽封陈平为信武君,使击降殷王,陈平被拜为都尉,赐金二十镒。不久,刘邦攻下殷,项羽大怒,要杀平定殷地的诸将,陈平害怕被杀,便封金与印,归还项羽,准备投奔刘邦。

陈平到修武求见刘邦,刘邦召见,并赐给食物,然后刘邦说:"你们吃完就去休息吧。"陈平说:"我为谋事而来,所说的话不能拖过今日。"于是刘邦与之交谈,"你在项羽那里担任什么官职?"陈平说:"都尉。"于是刘邦当日便拜陈平为都尉,让他做参乘,掌管护军一职。诸将不服,劝刘邦说:"大王得到一个楚国逃兵,还不知其本领高下,便与之同载,还让他监护军长。"刘邦听闻之后反而更加宠幸陈平。刘邦带领陈平攻打项羽,在彭城被楚军打败,返回路上收集散兵,到荥阳又任命陈平为副将,隶属韩王信,驻军广武。

大将周勃、灌婴等都对刘邦说:"陈平虽然长得美,但未必有真才实学。我们听说陈平在家时,曾和嫂嫂私通,事魏王不得容,投靠项王不中,又来投汉。陈平还收受诸将金钱,金多者得善处,金少者得恶处。陈平是个反复无常的乱臣,希望大王明察。"刘邦听后也有所怀疑,就问当初引荐陈平的魏无知,魏无知说:"我说的是才能,陛下问的是品行。现在如果有人有尾生、孝已那样高尚的品行,但无益于胜负之数,陛下会有闲暇使用这样的人吗?现在楚汉相持不下,我推荐的只是善出奇谋之人,考虑的只是他的计谋是否能够有用。至于盗嫂受金又有什么值得怀疑的呢?"

刘邦又召见陈平说:"你先投靠魏王,又投奔项羽,现在又追随于我,岂不让人怀疑你的忠心?"陈平说:"我事魏王,魏王不能用臣计,所以才去事项王,但项王不信任我,所用皆其亲属。我听说汉王能知人善用,才离楚归汉。我空手前来,不收受金便没有办事的费用,我的计谋如有可用者,大王用之,如果没有可用者,钱财还在,我愿归金辞官回家。"

刘邦见陈平说得有理有据,对陈平厚加赏赐,并任命其为护军中尉,诸将这才不敢再议论陈平。

陈平献计离间楚将

刘邦彭城兵败之后,楚汉两军在荥阳、成皋之间长期相持不下。刘邦虽然劝降了项羽的大将英布,但项羽派兵骚扰汉军的粮道,最终兵围荥阳,刘邦无奈,只得向项羽求和,并提出以荥阳为界,荥阳以西归汉。项羽的谋臣范增认为当下正是消灭刘邦的大好时机,劝项羽不可同意。

陈平见范增从中作梗,就对刘邦献计说:"项羽虽恭敬爱人,但本性猜忌。其骨鲠之臣乃亚父范增、钟离眛、龙且、周殷之属,不过数人耳。大王如能出几万金,离间其君臣,使其心生疑忌,项王为人多疑,易信谗言,这样楚军必定内讧,相互残杀。汉王举兵攻之,必破楚。"刘邦认为可行,给陈平黄金四万斤,任其所用,不加干涉。

陈平花费很多黄金在楚军中进行离间活动,散布谣言说钟离眛等人作为项王的大将,功劳虽多却不得裂地封王。这几个人想要与汉军联手,共灭项氏而分王其地。项羽听到这些流言果然不再信任钟离眛等人。

项羽既然起了疑心,就派使者到汉营。汉王刘邦让人为使者准备上等的餐具,见到使者佯装惊讶说:"原以为是亚父的使者,没想到却是项王的使者!"竟撤去餐具,更换了劣等食物。使者回去,将事情详细报告给了项王。项王更加怀疑范增。范增想加紧攻下荥阳,项王不从。范增听说项羽疑之,大怒道:"天下大事已然明朗,大王自己保重,我已年老还是回乡吧。"范增归途因病而亡。

范增走后,项羽加紧对汉军的围攻,刘邦被困荥阳无力反击。陈平乃使两千女子夜出荥阳东门,陈平与刘邦趁机出西门而去。进入关中之后,收集散兵准备再次东出。

郦食其献策助刘邦

郦食其是陈留高阳人,好读书,家贫落魄。郦食其听说刘邦待人傲慢但有雄才大略，就想追随刘邦。有人提醒他说："刘邦不喜欢儒生，曾往儒生的帽子里撒尿，还常常大骂儒生，不可以儒生身份进见。"

郦食其还是将自己的意思转告了刘邦，刘邦在高阳召见了他。郦食其见到刘邦时，刘邦正坐在床上，让两个女子给他洗脚。郦食其进来，见刘邦只是作揖并不下拜，就开门见山地说："你是想帮助秦国攻打诸侯还是想率领诸侯攻打秦国呢？"刘邦骂道："你这个低贱的儒生，天下苦秦久矣，诸侯才陆续起兵反秦，怎么说帮助秦国攻打诸侯呢？"郦食其说："你如果想联合百姓，聚集义兵，讨伐残暴无道的秦国，不该这样傲慢地接见长者。"刘邦听后立刻停止洗脚，起身穿好衣服，把郦食其请到上座，并向他道歉。

郦食其对刘邦谈论了六国合纵连横的谋略，刘邦大喜，设宴款待郦食其，并问针对当前形势有何计策。郦食其说："您把乌合之众、散乱之兵收集起来，也不满万人，与强秦对抗无异于虎口探险。陈留四通八达且城内多积粟，我与陈留县令交好，可去劝降，如果不听，举兵攻之，我为内应。"于是，刘邦引兵随之，攻下陈留。

之后，郦食其作为说客，在诸侯之间奔走。

公元前204年秋天，项羽攻打汉王，攻下荥阳，刘邦数次被困荥阳、成皋。刘邦打算放弃成皋，驻扎巩、洛以对抗楚军。郦食其劝道："敖仓作为转输之地很久了，有藏粟甚多。楚军攻下荥阳，却不守敖仓，引兵东去，令谪卒分守成皋，这是天助汉也。楚汉相持不下已经很长时间，希望您赶快进兵，收复荥阳，占据敖仓之粟，阻塞成皋的险要……天下百姓就知道该归顺谁了。现在燕、赵已经平定，只有齐地还未攻下。齐地地广，田氏各宗族势力强大，齐人多诈，很难短时间内攻下。我愿去游说齐王，使之归顺汉王成为东方的属国。"

刘邦听从了郦食其的建议，再次出兵占领敖仓，同时派郦食其去说服齐王。郦食其对齐王分析说，项王背弃了盟约，暗杀义帝，不让汉王称王关中。汉王已集天下兵，立诸侯之后，现在天下人心归汉。汉王又已平定三秦，攻下燕、赵大部分地区，占据敖仓的粮食，阻塞成皋的险要，守住白马渡口……如果现在投降汉王，齐国的社稷还能保全。

齐王认为郦食其的话很有道理，投降了汉王，郦食其没费一兵一卒，为刘邦拿下了齐国七十余座城池。

杀龙且韩信称齐王

公元前203年，项羽在荥阳、成皋一线与刘邦相持不下。韩信平定燕、赵之地后又挥师东进，击破齐王历下守军。项羽大惊，齐地富庶，万不可失，忙派大将龙且去对抗韩信。

龙且与项羽一同长大，情同手足，是项羽的第一猛将，并与季布、钟离眜、英布、虞子期同为楚军五大将。韩信出身低微，且曾受胯下之辱。龙且一向瞧不起韩信，认为韩信胆小懦弱，不屑与之交战。

龙且在潍水岸边摆下阵势准备与韩信开战。韩信夜里派人用一万多只沙袋堵在潍水上游，截断河流，领军渡河，袭击龙且，没多久韩信就佯装战败，渡河返回。龙且大喜认为韩信胆怯。于是，渡水追韩信，行至河中间，韩信让人掘开沙袋，大水奔流而下，龙且将士伤亡惨重。韩信又乘胜追击，杀了龙且，楚军溃逃，齐王广也逃走。韩信率兵追至城阳，俘虏了楚军。

韩信平定齐地后，派人告诉汉王刘邦说："齐人伪诈多变，南边又是楚国，我愿为代理齐王，镇守此地。"当时刘邦正被楚军围困于荥阳，接到韩信使者送来的书信，刘邦大怒，开口就骂："我被困于此，天天盼望着你来帮助我，你却自立为王。"张良、陈平同时踢了刘邦一脚，悄悄提醒刘邦："我们现在处境不利，难道能不让韩信为王吗？不如趁机立他为王，好好待他，让他守住齐地。不然的话恐生变乱。"刘邦立刻领悟，接着骂道："大丈夫平定诸侯，要做就要做真齐王，何必做个代理的王呢！"

刘邦派张良前往齐地正式立韩信为齐王，征调他率兵攻打楚军。

项羽痛失龙且，损兵折将，忌惮齐地韩信的兵马，就派武涉前去游说韩信，武涉为韩信分析当前形势，韩信投靠汉王，汉王胜，投靠项王，则项王胜。如果项王兵败，接下来就是齐王您了。足下与项王有故交，何不叛汉与楚合作三分天下而王？

韩信感念刘邦知遇之恩，终不肯背叛刘邦。

成皋相持鸿沟议和

公元前205年，刘邦退回关中，收集关中士卒又打回荥阳。项羽亲自帅军夺取下邑，继续西进至荥阳。刘邦派灌婴在荥阳以东大败项羽，然后在京县、索亭之间打败楚军。京索之战后，汉军逐步扭转败局，刘邦以荥阳为据点，由敖仓运送粮草与项羽对峙，双方在成皋一带进入相持状态。

两军相持数月，彭越又数次返回梁地，切断楚军的粮食供应。项羽担心这样下去会对他不利，于是就用之前抓到的刘邦的父亲来威胁刘邦。项羽特意在河边设置案板，把刘邦的父亲置于案上，在广武河的东面对刘邦高喊："你今天再不投降，就把你父亲煮了吃。"没想到刘邦竟然说："我与你曾一起受命于楚怀王，约为兄弟，我的父亲就是你的父亲，你一定要煮了你的父亲的话，请分一杯羹给我。"项羽大怒，想要杀了刘邦的父亲。

项伯劝项羽说:"天下的事情往往不可预料,况且争夺天下的人是不顾及家庭的,即使杀了刘邦的父亲也没有什么好处,只能增加祸患。"项羽听从项伯之言,将刘邦的父亲带回了军营。

双方相持了十个多月,刘邦有汉中、巴蜀地区作为后援,加之韩信、彭越、英布等时常偷袭楚军,刘邦渐渐占据了优势。楚军攻下荥阳后放弃了敖仓,现在粮尽援绝,内忧外扰,项羽已经难以与汉军抗衡。

公元前203年,楚军粮尽,项羽有意与汉军议和,这时,刘邦又派人请求项羽放回他的父母、妻子。于是,双方达成中分天下的协议,以鸿沟为界,鸿沟以东归楚,以西规汉。楚汉两军在荥阳、成皋一带相持两年多后休兵议和。

刘邦背信楚汉开战

公元前203年,楚汉议和,以鸿沟为界,各自休兵。鸿沟议和后,项羽引兵东去,刘邦也打算退兵关中。

张良、陈平认为当前形势有利于汉王,不宜退兵。于是劝谏刘邦说:"汉王已有大半天下,而各地诸侯又都归附汉王,项王兵疲粮尽,这是天要亡楚,不如趁机攻取。今天要是放任东去,就是养虎遗患啊!"刘邦听从张良、陈平之议。

公元前202年,刘邦背弃鸿沟之约,率兵追击项王至阳夏,打败项羽,又追至固陵。刘邦驻扎在固陵,派人通知韩信、彭越诸将前来会师共击楚军,韩信、彭越等人却按兵不动。楚军大破汉军,刘邦再次躲进营垒坚壁自守。

为解固陵之困，张良献计说："韩信、彭越之所以不来会师，因为他们没有得到封地，不如与他们共分天下，这样他们就会前来攻楚。汉王如能将齐、梁两地分给他们二人，让他们各自为战，楚军就很容易被打败了。"刘邦采纳张良之计，封彭越为梁王，且划定齐王韩信与梁王彭越的封界。

刘邦派刘贾包围寿春，又派人找机会招降楚将大司马周殷。周殷投降后帮助刘贾攻下九江，与英布在垓下会合，切断项羽南逃的后路。刘邦率军与灌婴会合，将项羽逼退至陈下。汉将曲侯义率领骑兵与汾阳侯会合，攻击固陵楚军，击败楚将钟离眜。项羽继续向东撤退，在陈县遇到钟离眜。刘邦与灌婴在陈县对楚军形成夹击之势，陈县县令投降汉军，项羽只得再次向东逃去。

降将周殷同英布北上与刘贾会合，进军垓下以对项羽形成合围之势。此时，韩信见项羽大败，加之刘邦又划分了齐地的封界，韩信也引兵前来城父与刘邦会合。项羽被围困在垓下，各路兵马即将与楚军展开最后的决战。

十面埋伏兵败垓下

公元前202年，楚汉双方在垓下正式展开决战。刘邦调集齐王韩信、梁王彭越、淮南王英布、刘贾等各路大军四十万并本部二十万人马，统一由韩信指挥，任命韩信为最高统帅。楚军接连失利，退守垓下时项羽只剩下十万兵马，主要将领只有钟离眜、季布两人。

决战开始前，项羽以钟离眜为右军主帅，以季布为左军主帅，自己率领楚军主力居中迎战。韩信也摆出同样的阵型，但同时又有所不同。韩信挑选汉军中最出色的十个将领，把自己率领的主力部队分成十队，分别交由十个将领在十面进行埋伏布阵，阵与阵之间层层相围。

战争开始后，韩信带领三万精兵主动出击。项羽率领楚军全部出动，欲一举消灭韩信。韩信三万兵马边战边退，引诱楚军进入汉军埋伏圈。首先出击的是十面埋伏中的第一队人马。

项羽不愧是力能扛鼎的西楚霸王，没多久便冲出了包围。紧接着，樊哙和曹参率领的第二队埋伏冲出来与项羽交战，同样不是项羽的对手，没多久便战败退走。项羽一连破了韩信七八队埋伏。正当楚军士气大增时，楚军后方失守。韩信派孔熙和陈贺两路大军埋伏在两侧，等项羽率领骑兵深入埋伏之后，对楚军步兵进行攻击，使楚军后方大乱。韩信以十面埋伏诱项羽深入，拖住其主力，以两翼之军袭击楚军后方。

这时，项羽才认识到韩信战术的高明，立即准备撤退。韩信则开始发动反攻，大批汉军将楚军层层包围。项羽指挥钟离眛和季布断后，自己充当先锋，率领楚军冲出重围。

项羽虽然冲出了汉军的包围，但楚军只剩下三万。经此一役，项羽败局已定，再也无力回天。

四面楚歌霸王别姬

项羽冲出韩信的十面埋伏逃至垓下，十万大军如今只剩下三万残兵败将，项羽命令将士安营扎寨进行休整。韩信为了进一步瓦解楚军的斗志和士气,夜里让汉军在营地唱起楚歌。

项羽在帐中饮酒,忽闻外面歌声四起,大惊,以为韩信已全部占领了楚地。楚军将士听到歌声,更是引起思乡之情,纷纷离项羽而去,连大将钟离眛、季布、项伯等人都离营出走,最后只剩下八百骑兵追随项羽。这时,汉军又兵分四路,对楚军进行围攻。

营帐内,项羽深知自己彻底输给了刘邦,回首起兵反秦这些年来的经历,百感交集,慷慨悲歌:

> 力拔山兮气盖世,
> 时不利兮骓不逝。
> 骓不逝兮可奈何,
> 虞兮虞兮奈若何!

项羽反复吟唱,泣泪俱下,左右皆泣,莫能仰视。一直陪伴着项羽的虞姬也是悲痛万分,起身持剑而舞:

> 汉兵已略地,四面楚歌声。
> 大王意气尽,贱妾何聊生!

虞姬边歌边舞,并且叮嘱项羽:"此番出兵,倘有不利,且退往江东,再图后举,望大王自己多多保重。"虞姬不愿拖累项羽,说完拔剑自刎。

项羽跨上他的坐骑乌骓,带着最后的八百子弟兵突破汉军包围,向南逃去。韩信忙命大将灌婴率领五千骑兵追杀项羽。项羽一次次突破包围,向东逃至乌江边时,身边只剩下了二十多名士兵。不可一世的西楚霸王如今前有大江,后有追兵,陷入了生死绝境。

无颜东归乌江自刎

项羽率八百骑兵突围渡过淮河后,只剩下一百多名士兵。逃至阴陵迷路,问路被骗后陷入沼泽地,以致被汉军追上。至东城(今安徽定远),只剩下二十多名士兵。

项羽带领仅剩的二十多士兵来到乌江边,这时乌江亭长有渡船在岸边愿渡项羽过江,劝项羽说:"江东虽然小,地方千里,众数十万人,也足以称王。我愿渡大王过江。现在只有我有船,即使汉军追来,也过不了江。"项羽却认为:"天要亡我,我又何必渡江!当初带领八千江东子弟渡江西征,如今无一人生还,即使江东父老兄弟怜爱我让我做王,我有何面目去见他们?纵使他们不说什么,我心中难道不愧疚吗?"就对亭长说:"我知道您是忠厚长者,我骑此马已五年,所当无敌,曾日行千里,不忍心杀之,就送给您吧。"

项羽命令骑兵下马与汉军短兵相接,拼死搏击。项羽一人就杀死汉军几百人,但也受伤十余处。回头看见汉军骑司马吕马童,就说:"这不是我的老朋友吗?"马童也看见了项羽,就对王翳说:"这就是项王。"项羽说:"我听说汉王用千斤黄金,万户封邑买我人头,我就送你个人情吧。"说完自刎而亡。王翳割下项羽的头,其余骑兵为争夺项羽而相杀者数十人,最后郎中骑杨喜,骑司马吕马童,郎中吕胜、杨武各得一部分。

"生当作人杰,死亦为鬼雄"的西楚霸王死时年仅三十一岁,长达四年的楚汉战争也终于落下了帷幕。

西汉：承袭秦制 开创盛世

西汉：承袭秦制　开创盛世 ▶▷

刘邦称帝迁都长安

楚汉战争结束后，韩信、彭越、臧荼、张敖以及长沙王吴芮等共同上书请求刘邦即位称帝，刘邦假意推辞，在众人的劝说下登上帝位。

公元前202年，刘邦在定陶氾水举行登基大典，定国号为汉，建立汉朝，定都洛阳。刘邦成为汉朝的开国皇帝——汉高祖，刘邦即位后封吕雉为皇后，封长子刘盈为皇太子。

同年五月，高祖刘邦为庆祝天下一统，在洛阳南宫举行宴会。宴会上刘邦问群臣："我为什么能得天下，项羽为什么失天下？"高起、王陵说："陛下使人攻城略地，夺得城池后，能够与大家共同分享；项羽不然，不愿封赏有功劳的人，怀疑猜忌有能力的人，所以会失去天下。"

高祖说："你们知其一，未知其二。运筹帷幄，决胜千里，我不如张良；镇守国家，安抚百姓，管理粮饷，我不如萧何；统帅百万之军，战必胜，攻必取，我不如韩信。这三人，皆人杰，我能知人善用，这才是我取得天下的根本原因。项羽有一范增而不能用，所以被我擒获。"群臣听罢，无不悦服。

齐地平民娄敬到陇西去戍守边塞，路过洛阳，求见高祖。刘邦询问娄敬要谈什么大事，娄敬问高祖："陛下定都洛阳，是要与周朝比兴隆吗？"刘邦说："是的。"

娄敬说："陛下取天下与周室不同。周朝的先祖从后稷开始积德累善十余世，天下归附，成王即位，周公旦辅佐，才建都洛阳，居此者，以德致人，不靠阻险。到周朝衰落时，天下莫朝，周不能制。如今陛下靠武力取得天下，怎么能和周朝的成康盛世相比呢。"因此，娄敬建议高祖将都城迁至长安。关中地区被山带河，四周有险塞作为天然屏障，即使有乱，关中可召集百万之师，关中、巴蜀土地肥沃，物产丰富，号称天府。在此建都，可以固守天险，控制诸侯。

刘邦认为娄敬说的有道理，就征求大臣的意见，大臣多为关东人，不想背井离乡去关中，都说周在洛阳称王数百年，秦在关中二世即亡，不如建都洛阳。刘邦犹豫不决，又问张良，张良明言入关更好。刘邦当即决定西迁，当天就起驾迁都长安。

汉承秦制巩固政权

封邦建国的封建制度在东周末年已弊端尽显，秦废分封行郡县，一旦大臣专权，天子则被孤立于上，其弊端亦与封建制度相当。因此，汉朝建立后兼采二者之长，实行郡国并行制。

汉朝建立后，在中央机构的设置上因袭秦朝，皇帝之下设三公九卿，三公指丞相、御史大夫和太尉，九卿指太常、兴禄勋、卫尉、太仆、廷尉、大鸿胪、宗正、大司农和少府。在地方上实行郡国并行制，即郡县与分封相结合，一方面设郡，另一方面又大肆分封同姓子弟和异姓功臣为王，建立诸侯国。

汉初实行郡国并行扩大地方的自治权，对于地方经济的恢复发展起到了较大的促进作用。但是到后期，各地诸侯国的势力不断增强，逐渐割据一方，威胁到中央。

汉初，由于秦朝统治残暴再加上秦末以来的战乱，经济凋敝，人民饱受战祸之苦，极其渴望一个安定的环境。高祖任命陆贾总结秦朝和以前国家成败兴亡的经验教训，任命萧何制定汉朝的法规制度，任命韩信制定军法，任命叔孙通制定礼仪等。

刘邦入关后曾约法三章，汉朝建立后，三章之律已不能适应统治的需要。萧何参照秦律，结合《法经》，制定了汉朝的法律《九章律》。《九章律》在秦律六篇的基础上增加了户律、兴律和厩律。户律是关于户籍、赋税方面的法律，汉代实行编户制度，对户籍控制非常严格，人民不得任意迁徙。兴律是关于徭役征发、城防守卫的法律。厩律则是关于牛马畜牧和驿传方面的法律制度。

汉朝的法律条文由丞相、御史、廷尉掌管，法律明文规定官吏富人犯法可以减轻刑罚或不受法律制裁，对普通百姓却非常严苛。

汉初为了巩固政权，甚至专门成立一支用来镇压农民的军队。在中央设置南军和北军，分别由卫尉和中尉统领，南军负责守卫皇宫，北军负责守卫都城。在地方上也有经常训练的预备兵。军队对农民斗争实行非常残酷的镇压。

汉初通过一系列政策的制定，巩固了政权，发展了经济和文化。

叔孙通博学定礼仪

高祖出身农民，对礼节本也没什么讲究，但统一天下当了皇上之后就不一样了。每次上朝或者重要场合，大臣们还和以前一样毫无顾忌，场面混乱不堪，有时武将争论不下甚至会拔剑击柱。当了皇帝一点威严也没有，高祖为此甚是苦恼。

叔孙通知道后便向高祖自荐说要制定朝堂礼仪等。叔孙通，山东人，博学多才，秦时便被召入宫。秦末，先是追随项羽，后投降刘邦。见刘邦时一改儒生的繁复而打扮成普通百姓模样，获得刘邦的信任。战争期间，为刘邦推荐了很多勇武之士。

叔孙通为了制定礼仪，特意到山东老家邀请一些儒生共同制定。有些儒生认为叔孙通辅佐过的人过多，都是靠阿谀奉承得到的机会，不愿为初定天下的汉朝制定礼仪。叔孙通却讥笑他们不懂得随机应变。后来儒生被叔孙通说动，便跟随叔孙通一同来到长安。

叔孙通和儒生们一起制定了朝堂礼仪，然后又带领众人反复练习，练成后请高祖刘邦前来观看。这些礼仪简单、严谨，但凸显了皇帝的尊贵与威严，高祖看后很是满意，于是，下令让大臣们也学习这些礼仪。

公元前200年，高祖刘邦使用叔孙通制定的礼仪来举行朝岁大礼。众臣在专人的带领下依次进入大殿，功臣、王侯、武将面东而立，文官面西而立，高祖坐在辇中上朝，文武百官高呼万岁，高祖这才真正体会到了当皇帝的尊荣。

朝礼结束后，举行宴会，在御史的监督下大臣严格执行各项礼仪制度，如有违反，则会立即被逮捕。

高祖对此十分满意，任命叔孙通为太常，并赏赐给他五百斤黄金。

在战争期间需要武将冲锋陷阵时叔孙通为刘邦引荐了很多将士。在高祖平定天下需要显示自己的威严时，叔孙通又请求制定了朝堂礼仪。叔孙通之后更加得到高祖的尊重，儒生的地位在汉朝也开始提高，也为儒学的兴起奠定了基础。

陆贾进谏著《新语》

陆贾，楚人，跟随刘邦平定天下，因口才佳，善辩论，常常出使各诸侯国。汉朝建立后，陆贾出使南越，和平收复南越，使南越王赵佗甘心称臣。

陆贾虽然也立下不少功劳，但高祖依然轻视儒生。陆贾常常在高祖面前称赞《诗》《书》，高祖气得大骂："我的天下居马上得之，《诗》《书》有什么用！"高祖认为自己是"马上得天下"，靠打仗得到的天下，《诗》《书》没有什么用处。陆贾反问高祖："靠武力取得天下，能靠武力治理天下吗？"陆贾为高祖分析了商汤、周武以武力取得天下，用仁政治理天下的情况，认为治理天下文武并用，才能长治久安。高祖听后感到很惭愧，就对陆贾说："那就请先生将秦亡失天下和我得天下的原因以及古代国家的成败得失，都写成文章给我看吧。"

陆贾概述了各个国家存亡的原因，一共十二篇。每上奏一篇，都得到高祖的称赞，左右高呼万岁，将陆贾的书命名为《新语》。

《新语》以儒家思想的仁义观为主线，对儒家思想又做了新的阐发，强调治理国家要施行仁义。

为了更好地适应汉初的统治需要，陆贾在推崇儒家思想的同时，也从道家等学说中汲取合理的成分以补充儒家思想。《新语》开篇即讲《道基》，认为"道"是一切事物运行的根本，国家想要安定，就需要遵守"道"等。如"道莫大于无为"的思想就是将法家思想和儒家思想进行糅合、改造而得到的"无为而治"思想。陆贾提倡"无为"的同时也不反对"有为"，在"有为"的基础上达到"无为"的最高境界，也就是让皇帝要积极有为以教化天下。

陆贾还根据阴阳家学说思想提出天人感应思想，这一思想后来被董仲舒发展成为天人合一的学说。

陆贾是汉朝第一位大力提倡儒学之人，他的《新语》以儒家思想为基础，融合道家、法家等多家思想，倡导"无为而治"，奠定了汉初的基本统治思想。

铲除诸王分封同姓

刘邦在楚汉战争时期，为了争取项羽分封的诸侯的支持，壮大自己的力量，也为了分化项羽阵营，鼓励将领为自己效力，曾封了一些将帅为王。如齐王韩信，梁王彭越，淮南王英布，赵王张耳，长沙王吴芮，燕王臧荼等人，这些人不是刘邦的同姓，故被称为"异姓王"。

这些王多是战时的将领，拥有兵力，高祖担心他们雄踞一方有"震主之威"。因此，后来陆续铲除了长沙王之外的其他七位异姓王。

高祖最先铲除的是韩信。韩信曾因要做假齐王不去救被项羽围困的刘邦，而惹得刘邦破口大骂，但又不得不强压怒火封其为齐王。汉朝立国之初，高祖就将其改封为楚王并剥夺了他的兵权。后因项羽的部下钟离眛逃至楚地投靠韩信，刘邦心中已是疑虑丛生。有人趁机诬告韩信要造反，高祖以此为由将韩信贬为淮阴侯。韩信被贬后常常感慨："狡兔死，良狗烹；高鸟尽，良弓藏；敌国破，谋臣亡。"

公元前197年，陈豨在代地造反，韩信的舍人因韩信与陈豨交好就趁机状告韩信打算攻打皇后与太子以响应陈豨。吕后用萧何计杀韩信于长乐宫，并夷其三族。

陈豨造反时，高祖率兵亲征，向彭越征兵，彭越称病未出征，高祖以此为借口问罪彭越。彭越的部将扈辄劝其起兵造反，彭越不听。后扈辄的仆从告彭越欲与扈辄谋反，高祖将彭越贬为庶人，发配到蜀地。彭越在去蜀地途中遇到吕后，向吕后求情，吕后将彭越带回洛阳劝高祖杀掉彭越，为了杀一儆百，又将彭越烹为肉酱分给众臣。

韩王信出身旧贵族，秦末投奔汉军，后投降楚军，不久又重回汉营。汉朝立国后，被封在军事重地颍川，高祖担心韩王信日后造反，改封太原。匈奴南下包围韩王信，韩王信向匈奴求和，被高祖猜忌，因担心被治罪，于是投降匈奴。

高祖又先后诛杀英布，罢黜自己的女婿张耳，平定臧荼，废黜卢绾。至此，高祖分封的异姓王中只有势力最弱的长沙王没有被废。

高祖在铲除异姓王的同时，又大加封赏同姓子弟。当时共封了九个诸侯国，分别是齐王刘肥，楚元王刘交，燕王刘泽，赵王刘如意，代王刘仲，淮阳王刘友，淮南王刘长，吴王刘濞。这些诸侯王在封国内相当于国君，有很大的权力。虽说地方上实行郡国并行制，但诸侯国的地位和权力远远高于郡。

高祖分封同姓诸侯王的目的是拱卫王室，防止内乱，政策制定之初也起到了一定的作用。但后期随着诸侯王势力的增大，造成了"七国之乱"。

计封雍齿安定臣心

公元前201年，高祖大封功臣。张良没有什么战功，高祖却说："出谋划策，都是子房的功劳，你自己在齐地选择三万户受封。"张良说："我从下邳起事，与陛下在留县会合，这是上天将臣授予陛下。陛下用臣的计策，幸而这些政策常常有用，我愿受封在留县就足够了，不敢受封三万户。"于是，高祖封张良为留侯，同萧何等人一起受封。

高祖已经封赏功臣二十多人，其余的人因日夜争功不能决定功劳大小，未得实行封赏。

一次，高祖在洛阳南宫从阁道上望见诸将坐在地上窃窃私语，就问张良怎么回事。

张良说："陛下不知道吗？他们是在谋反。"

"天下刚定，为何要反？"高祖问。

张良说："陛下以平民起事，依靠他们才打下江山，今为天子，所封赏的都是你的亲信故旧萧何、曹参之人。他们担心得不到封赏，还要因为往日的过失而被诛杀，所以才计划着谋反。"

高祖担心地问："该怎么办？"

张良说："皇上平生最恨谁？而且是群臣所共知的。"

"雍齿与我有旧怨，曾多次让我受辱使我难堪，我很想杀了他，但是他功劳多，所以又不忍心杀他。"高祖说。

张良说："现在先封赏雍齿，群臣看到雍齿受封，就会人人安心。"

高祖置酒正式封雍齿为什邡侯，又催促丞相、御史赶快定功封赏。群臣皆喜，认为雍齿尚且能封侯，他们更无须担心了。

冒顿自立袭击东胡

秦始皇统一中原后，派蒙恬北击匈奴，收复河套，迫使匈奴北迁，以致"胡人不敢南下而牧马"。秦末以来中原战事不断无暇北顾，匈奴趁机发展壮大，并建立了奴隶制军事政权。匈奴首领头曼单于率骑渡过黄河，重新占领河套地区，同时控制了中国的北部、东北部和西北部的广大地区。

头曼单于有太子冒顿，后宠爱阏氏，生了一个儿子，打算废冒顿而立少子，就派冒顿到月氏做人质。冒顿还在月氏做人质，头曼就急于进攻月氏，月氏要杀冒顿，冒顿偷了他们的良马逃回匈奴。头曼认为冒顿勇敢强悍，就让其率领一万骑兵。

冒顿在训练自己的部队时制作了一种响箭，叫鸣镝，并对部下说："鸣镝所射中之处，共射之，不射者立刻斩首。"打猎时，有不射鸣镝所射鸟兽者，就斩首。不久，冒顿用鸣镝射自己的宝马，部下有不敢射的，也立刻被斩首。过了一段时间，又用鸣镝射自己的爱妻，部下有的很恐慌不敢射，冒顿又将他们斩首。

后来，冒顿用鸣镝射父亲的宝马，左右皆射，冒顿知道部下皆可用。冒顿随父出猎时，用鸣镝射向自己的父亲头曼单于，左右都随鸣镝射杀头曼单于。冒顿又杀了自己的后母、弟弟以及不为所用的大臣，然后自立为单于。

当时东胡强盛，听闻冒顿杀父自立，就派使者来要头曼的千里马。冒顿问群臣的意见，群臣都说："千里马是匈奴的宝马不能给。"冒顿却说："与人家做邻国怎能爱惜一匹马呢？"就把千里马送给了东胡。

过了一段时间，东胡以为冒顿害怕他们，又派使者来要冒顿的阏氏，冒顿再次询问群臣的意见，群臣都很生气，"东胡太无道了，竟然来要我们的皇后，请单于出兵。"冒顿又说："与人家做邻国怎能舍不得一个女子呢？"于是，把自己所宠爱的阏氏送给了东胡。

东胡王因此更加骄纵。匈奴与东胡之间有一块荒弃的土地，无人居住。东胡派使者来问冒顿索要这块荒地。冒顿问群臣的意见，有的大臣说："这是一块荒地，给也行，不给也行。"冒顿大怒："土地，是国家的根本，怎能随便送人！"把主张给地的大臣全部斩首。

冒顿驭马亲征东胡，且下令军中落后者皆斩。数十万骑兵争相杀奔东胡，东胡这段时间骄纵轻敌又疏于防备，匈奴兵至，大破东胡，灭了东胡王，虏其民人及畜产而归。

随后，冒顿西击月氏，南并楼烦、白羊河南王，复夺蒙恬所收匈奴地，与汉朝以原来的河南塞为界，到达朝那、肤施，侵入燕、代等地。

白登之围陈平解围

韩王信投降匈奴后，与匈奴内外勾结，攻打汉朝边境，一直打到太原，不断危害北部地区。

公元前200年，高祖率兵亲征，击败韩王信，韩王信逃至匈奴。高祖准备继续北上，一举消灭匈奴。出征前，高祖多次派使者到匈奴侦察敌情。冒顿单于为了迷惑汉军，将精锐士兵隐藏起来，把老弱残兵暴露在外。使者不知是冒顿之计，回来都说可以出击匈奴。高祖又派刘敬（娄敬，因议迁都之功被赐刘姓）再次前去侦查，未等刘敬回来高祖便率军出征。

汉军越过勾注山时遇到归来的刘敬，刘敬报告说："恐怕匈奴有诈，故意暴露自己的弱势而埋伏精兵，不可轻易出击。"高祖闻言大怒，骂刘敬扰乱军心，遂将刘敬囚禁在广武。

高祖率军先至平城，步兵还未全到，冒顿率领精兵四十万将高祖围于白登山上。高祖被围七天七夜，汉兵内外不能相互救助。高祖用陈平计，派使者给冒顿宠爱的阏氏送了很多贵重的礼物和一幅美女的画像，并说："汉朝皇帝被困于山上，愿以汉朝最美丽的女子献给单于。"在珠宝的诱惑以及使者的劝说下，担心失宠的阏氏就对冒顿说："据说汉军很快就会赶来救援。再说，两方的君主不应该相互围困。即使我们得到了汉朝的土地，终究是不能在那里居住的。况且汉王亦有神助，希望单于能够认真考虑。"

冒顿与韩王信的部将王黄和赵利约定了合围汉军的日期，王黄与赵利的军队又没按时前来，冒顿担心他们有变故，就听从了阏氏的建议，解除了包围的一角。高祖与汉军得以脱险。

高祖回到广武后，立刻赦免了刘敬，并加封他为关内侯。

白登之围后，高祖认识到汉朝初创，民生凋敝，无法与匈奴对抗。于是，决定休养生息，发展生产，以提高国家实力为主要任务。

刘敬献策公主和亲

西汉初年，汉朝经历了秦末农民战争和楚汉战争的破坏，经济衰退，民不聊生。北方的匈奴又趁机发展日益壮大，不断南下骚扰汉朝北部地区。公元前200年，高祖亲率三十万大军出击匈奴，不料却被冒顿单于围困于白登达七天七夜之久，最后陈平用美人计才得以脱险。

鉴于经济实力与匈奴的差距，高祖决定放弃对匈奴用武。为了给西汉发展赢得稳定的外部环境，刘敬在陈平美人计的基础上，向高祖提出了与匈奴和亲的建议。刘敬认为："如果把汉朝公主嫁给匈奴的冒顿单于为妻，再多送些金银珠宝作为陪嫁，冒顿必然会贪慕钱财而立汉朝公主为阏氏。这样，公主所生之子就可成为太子，日后就能接替冒顿而成为单于。冒顿活着就是汉朝的女婿，冒顿死后，就是高祖的外孙接任单于，外孙怎能与外祖父对抗呢。和亲的同时，再经常派使者去匈奴慰问，教他们汉朝的礼仪法度之事。这样下去，可不费一兵一卒而使匈奴慢慢成为属臣。"

高祖听从了刘敬的建议，决定派刘敬为和亲使者带着自己的女儿去匈奴。但吕后不舍得自己的亲生女儿远嫁匈奴，不断地劝阻高祖，高祖无奈，只好另选一位女子充当公主，嫁给冒顿单于。

刘敬作为使者，陪送"公主"远嫁匈奴，并与匈奴订立合约。汉朝每年送给匈奴很多酒、米、棉絮、丝绸和食物等。从此，汉匈关系有所缓和，战事减少，为汉朝的发展赢得了稳定的外部环境。

征伐陈豨平定赵代

汉匈和亲之后，外患刚除，内乱又起。阳夏侯陈豨在北部赵代地区造反。

公元前200年，陈豨被封代相，临行前，去见刘邦。因陈豨过去是韩信的部下，也顺道拜见了韩信。韩信对陈豨说："赵代地区是天下重兵聚集之地，高祖生性多疑。如果有人说你在赵代谋反，陛下可能不信，如果多人告你谋反，你的灾祸就不远了。如果有一天你被迫谋反，我一定在京城做你的内应。"

陈豨在赵代之地宾客众多，且手握重兵，果然引起高祖的疑心。陈豨在赵代确实也做了不少违法之事。

公元前197年，太上皇去世。高祖派人召陈豨进京，陈豨以有病为由拒不入朝奔丧。九月，陈豨与王黄等人造反，自立为代王，劫掠赵代，高祖率军亲征。

高祖率军行至邯郸，大喜道："陈豨不在南面占据漳水，北面守住邯郸，可见他不会有所作为。"赵相周昌奏请斩首常山的郡守和郡尉，并说："常山郡二十五城，已失去二十城。"高祖以郡守、郡尉并未参加反叛为由赦免了他们，并且还恢复了他们的职务。高祖又问周昌赵地是否还有可以任命为将领的壮士，周昌推荐了四个人。高祖虽看不上这四人，还是给了他们每人千户封赏，任命为将。左右大臣皆劝谏道："不少人跟随陛下入蜀伐楚，还未得到这样的封赏，他们有何功劳而受封。"高祖说："这就不是你们能知道的了，陈豨造反，邯郸以北都被陈豨占有。我以羽檄征天下兵，至今未有前来应召的，如今只能依靠邯郸当地的兵力。我怎能舍不得用四千户封赏来安慰赵地人民。"

高祖听说陈豨的将领王黄、曼丘臣以前都是商人。于是，用黄金等收买王黄、曼丘臣等人，很多将士纷纷投降。

次年冬天，汉军在曲逆城下斩杀了陈豨的大将侯敞、王黄，又在聊城大败陈豨的大将张春并斩首一万多人。太尉周勃平定了太原、代地。十二月，高祖亲自率军出击东垣，未能攻下，后攻下东垣改名真定。曼丘臣及其部下被悬赏者，都被活捉，陈豨的部队也就失败了，陈豨后被樊哙的士卒斩首于灵丘。

吕后设计诛杀韩信

陈豨与韩信一向交好，陈豨被封赵代之时韩信便承诺将来陈豨如果被逼谋反就会做其内应。公元前197年，陈豨果然谋反。

韩信以病为由拒绝和高祖一起出征讨伐陈豨，还派人到陈豨驻地进行联络。韩信打算在深夜假传诏命，释放囚徒和奴隶，攻打皇宫，袭击吕后和太子。一切部署完毕，只等陈豨的消息。

这时，韩信的一个门客因有过失被韩信处罚，并打算将其处死。这个门客的弟弟知道后跑到宫中告发韩信，说韩信要谋反。

高祖出征在外，吕后闻言大惊，本想召韩信进宫将其擒获，又担心韩信抗命不从。于是，吕后召丞相萧何商量对策。二人商定一计，派人从长安城北边进入都城，假装奉高祖之命从前线返回，说高祖已经平定叛乱，陈豨已被处死。

接着，吕后让群臣列侯都去朝贺。大臣们听说叛军已被剿灭，纷纷前去道贺。唯独韩信没来。

第二天，萧何派人去请韩信，韩信以有病为由拒绝入宫。萧何借助探病的机会亲自去请韩信，并说："即使有病，也该强撑着去道贺。"

韩信只得进宫去道贺，韩信刚进入大殿，吕后便命令武士将韩信捆绑住，在长乐宫中的钟室处死。韩信临死前说："我后悔没有采纳蒯通之计，以至今天被妇女、小人欺骗，这不是天意吗？"

韩信死后，三族皆被诛杀。

高祖平叛后回到长安，见韩信已死。既高兴又怜惜，高兴的是一块心病终于除掉，怜惜韩信在军事上的才华无人能及。

韩信作为"汉初三杰"，同时又是汉初三大名将，精通兵法，善于用兵，为汉朝平定天下立下了汗马功劳。

部将诬陷彭越被醢

彭越，字仲，山东人。秦末在魏地发动起义，后来归顺刘邦，在楚汉战争中功劳卓著，汉初被封为梁王。

秦末彭越率众起义时，为了严明纪律，亲自斩首最后一名前来集合者。众人大为震惊，从此法纪严明。彭越率众东征西战，队伍迅速壮大。

公元前205年，彭越率三万大军归顺刘邦，协助刘邦攻打楚国。公元前204年，彭越以游击战术攻击楚军，在梁地切断楚军粮道，被称为"彭越挠楚"。同年冬，项羽与刘邦在荥阳对峙时，彭越趁机攻克睢阳、外黄等十多座城邑。项羽挥师东进收复彭越攻克的城邑，彭越率军北上，从而干扰了楚军后方，为刘邦赢得了机会。不久项羽被刘邦兵困垓下。

刘邦建立汉朝后，封彭越为梁王。

公元前197年，陈豨在代地起兵谋反，高祖率军亲征，在邯郸向彭越征调军队。彭越称病只派部下前去，高祖大怒，派人责备彭越。彭越感到害怕，就打算去向高祖谢罪。彭越的部将扈辄认为开始没去，现在皇上生气了再去，就会被逮捕，不如就此发兵造反。彭越不愿造反，就继续装病。

这时，彭越对自己的太仆不满，想要杀了他。太仆就逃到了高祖那里并且告彭越与扈辄要谋反。高祖就派人逮捕了彭越，将他囚禁在洛阳。派人审理之后说是已构成谋反罪，高祖念其功高就赦免了死罪，废为庶人，流放到蜀地青衣县。

彭越流放途中遇到吕后，彭越告诉吕后自己无罪，是被冤枉的，想要回到故乡昌邑。吕后表面答应了他，与之一起回到洛阳。

回到洛阳后，吕后立即对高祖说："彭越壮士，现在把他流放到蜀地，这是给自己留下后患，不如趁机杀了他。我已经和他一起来了洛阳。"

于是，吕后设计让彭越的舍人告发他再次谋反，廷尉王恬审理后奏请诛杀彭越，高祖许可了廷尉的请求。

彭越被杀后，又被灭族，废除封国。

为了警醒其他诸侯王，又对彭越施以醢刑。此外，高祖还下令将彭越的人头高挂在城门上示众，敢来收殓者，一律逮捕。

彭越的好友栾布不顾被烹杀的危险前来收尸，高祖闻讯大骂栾布并要将其烹杀。栾布对高祖陈述了当年刘邦被困彭城，兵败荥阳，是彭越牵制着楚军，才让刘邦赢得了机会。况且彭越只是没有亲自率兵前去应战就认为他谋反且诛其全族，这样当年出生入死的那些功臣就会人人自危。高祖听了栾布的话，认为栾布重情义，就将其释放。

彭越作为汉初三大名将，为汉朝的建立做出了重要的贡献。但是，正如韩信所说"高鸟尽，良弓藏"，封建统治者为了巩固皇权，彭越之死也是迟早的事。

英布谋反兵败身亡

英布出身贫寒，英勇好战，因受秦律被施以黥刑（面部刺字的刑法），故又称黥布。秦末参加农民起义，初为项羽部下，被封九江王。在项羽的授意下，暗杀了前往长沙的义帝楚怀王。楚汉战争中被随何游说，叛楚归汉。汉朝建立后，被封淮南王，与韩信、彭越被称为汉初三大名将。

公元前196年，韩信被吕后诛杀后，引起了英布的恐慌。同年夏天，刘邦又将彭越剁成肉酱，分给各诸侯，英布看到彭越的肉酱更是恐慌。于是，便暗中集合部队，时刻关注着朝中的动静。

这时，英布的爱妾生病，常去医家治病。中大夫贲赫与医家离得很近。贲赫为了讨好英布，就派人给英布的爱妾送了丰厚的礼物。英布的爱妾就在英布面前称赞贲赫，不料英布大怒，责问爱妾，爱妾不敢隐瞒，就将事情告诉了英布。英布不但不信，还怀疑爱妾与贲赫有不正当关系。

贲赫知道英布怀疑他后，称病不出，使英布更加怀疑。英布打算出兵逮捕贲赫，贲赫情急之下，逃往长安。

贲赫到长安向高祖上书，说英布准备谋反，建议高祖在英布发兵前将其处死。

高祖与萧何商量对策，认为英布不会谋反，恐怕是诬陷，就先把贲赫关押起来，再观察英布。

英布见贲赫上书告其谋反，以为高祖知道了他暗中集合部队之事。就杀了贲赫全家，起兵反叛。

高祖召集群臣商讨对策，大臣都认为应该出兵攻打，然后活埋了英布。

汝阴侯滕公的门客薛公却认为："英布造反并不奇怪，只是英布如果施行上策，山东就不归汉朝所有了，施行中策，胜败不可确定，施行下策，陛下就可安枕无忧。"高祖忙问什么是长策、中策、下策。

薛公说上策就是东取吴地，西取楚地，兼并齐地攻取鲁地，传檄燕、赵，固守其所，山东就不能为汉所有了。中策就是东取吴地，西取楚地，兼并韩地攻取魏地，据敖庾之粟，塞成皋之口，胜负就不能确定了。下策就是东取吴地，西取下蔡，归重于越，身归长沙，陛下就可高枕无忧。薛公认为英布骊山之徒，做事只为自己考虑，会选择下策。

高祖认为薛公分析地很有道理，就封薛公千户，立皇长子为淮南王，发兵亲自讨伐英布。

英布造反之初，对其部将说："皇上已老，厌恶兵事，不会亲征。其他将领，我只担心韩信、彭越，这两人已死，我没有什么可担心的了。"

果如薛公所料，英布采用下策，且没料到高祖会亲征，后经数战被刘邦击败。

英布败走江南,被长沙哀王诱骗逃至南越后被杀。英布作为开国功臣,战功赫赫,亦因谋反兵败被杀。

萧何遭疑自污名声

萧何与韩信、张良同为汉初三杰,但与二人不同的是,在刘邦还是沛县的一个亭长时,与刘邦就已相识,可谓是贫贱之交。从刘邦起兵开始,就一直跟随着刘邦,在刘邦建立汉朝的过程中立下了汗马功劳。

刘邦以沛公起事之时,萧何就担任丞督,负责军队的后勤供应。刘邦进入咸阳的时候,诸将都争抢金帛财物,唯独萧何收藏秦朝的律令、图书。刘邦被封为汉王时,任命萧何为丞相,在汉中休养生息,为将来东出做准备。

刘邦率军东出与项羽争夺天下,把大后方留给萧何管理,萧何既为刘邦筹备粮草,又为刘邦征召兵士,为汉军提供了充足的保障。

在军事上不断取得胜利后,萧何进入关中,一方面采取措施减免赋税,安抚民心,一方面颁布法令,教化民众。正是萧何为刘邦提供了强大的后援支持,刘邦才能取得战争的最后胜利。

公元前202年,刘邦建立汉朝后,对功臣进行论功行赏,认为萧何功劳最大。有些大臣不服气,认为萧何未打一仗怎能居首。刘邦就问众臣你们知道猎狗吗?打猎的时候,追杀野兽的是猎狗,但是发出指示的却是猎人。你们只能猎得野兽,相当于功狗,至于萧何,他能发现猎物,发出指示,相当于功人。况且你们也只是一个人或两三个人跟随我,萧何则以全族数十人跟随我,当然是功不可没。

于是,萧何排第一,特赐他可以带剑穿履上殿,入朝不趋。萧何成为汉朝第一功臣,被称为"开国第一侯"。

萧何因得到高祖的崇信和赏赐,百官也纷纷到萧何处祝贺。就在百官都来道贺时,只有召平前来吊唁。秦亡后,召平在长安城东种瓜,因其瓜长得好,故召平又被称为东陵瓜。召平对萧何说:"相国的灾祸就在眼前了,皇上在外君守于中,皇上对你有疑心了。"萧何听从召平的建议,辞掉封邑,拿出许多财产用作军需,刘邦对此很是满意。

后陈豨谋反,高祖率兵亲征,却不时派人回来询问萧何的情况。当使者告诉高祖萧何深受百姓拥护时,面露不悦,萧何很是疑惑。其门客告诉萧何说:"你身为相国,居功第一,还能再高升吗?从你入关至今已十多年,深得百姓拥护,皇上之所以多次派人前来询问,是害怕你权倾关中。如今不如多买田地,低价强买田宅,自污名声,这样皇上就会对你放心了。"萧何听从了门客的建议。

高祖从前线回来时,很多百姓拦路上书,状告萧何强买田宅。高祖将上书交给萧何,对萧何说:"你自己去给百姓谢罪吧。"从此,高祖认为萧何贪财,便不再怀疑萧何了。

萧何一生功绩显著,对汉朝做出了不巧的贡献。

遏制吕后白马之盟

汉初实行郡国并行制,早在楚汉战争时就分封了一批异姓王。高祖对异姓王始终不放心，先后以各种理由剪除异姓诸侯王的势力，同时大肆分封刘氏子弟。

在高祖消灭异姓诸侯王的过程中，吕后成为高祖的重要帮手，如韩信死于吕后之手，在吕后的鼓动下高祖才决定对彭越斩首灭族。吕后在协助高祖消灭异姓王的同时，自己的势力也不断壮大，这也引起了高祖的担忧。

高祖晚年曾想废生性软弱的太子刘盈，改立戚夫人所生的刘如意为太子。由于大臣的反对，未能实行。吕后为了巩固太子的地位，请来当时名望很高的四个隐士"商山四皓"来辅佐太子刘盈。高祖都未曾请动的商山四皓却被吕后请来了，自此，高祖知吕后之手段与实力不可小觑。

高祖讨伐英布被流矢击中后，病情日益严重。为防止日后吕氏专权夺取刘氏天下，高祖召集群臣，宰杀白马，与大臣们歃血为盟。众臣当着高祖的面起誓说："非刘氏王者，天下共击之。若无功上所不置而侯者，天下共诛之。"这就是著名的白马之盟。

高祖订立白马之盟的目的是为了巩固汉室，但是高祖死后，吕后虽封吕氏子弟为王，但也遭到王陵的强烈反对。吕后在临死前告诫吕产、吕禄说高祖曾与大臣约定"非刘氏而王，天下共击之"，现在吕氏封王，大臣不平，自己死后，大臣恐怕会生变，要求诸吕慎毋送丧。吕后死后，刘氏子弟即以此为由诛杀吕氏诸王。可见，白马之盟在维护和巩固刘氏政权上还是起到了重要的作用。

但是，白马之盟在巩固汉室天下的同时，也因过于依赖同姓王而使刘氏宗室的势力坐大。先后发生了汉文帝时的济北王、淮南王叛乱以及汉景帝时的七国之乱。直到汉武帝实行推恩令，大大削弱了同姓诸侯王的势力，白马之盟巩固汉室的本意才逐渐消失。

高祖病重安排后事

公元前195年，高祖击败英布，让别将追击逃走的英布。自己则班师回朝，在路过沛县老家时，在此停留。在沛宫置酒，召集父老兄弟欢歌纵酒，并挑选沛中儿童一百二十人教他们唱歌。酒酣之际，高祖击筑，自唱道：

> 大风起兮云飞扬，
> 威加海内兮归故乡，
> 安得猛士兮守四方！

唱罢让儿童们跟着学唱，高祖又起舞，跳至慷慨伤怀处，数行泪下。高祖对父老兄弟说："游子思念家乡，我虽定都关中，死后魂魄还是会思念家乡。我以沛公的身份起兵，诛灭暴逆，取得天下。我把沛县作为汤沐邑，免除大家的赋税徭役，世世代代不需要服役纳税。"

高祖在沛县欢饮畅谈了十余日方才离去。高祖在讨伐英布时曾被流矢射中，回到长安时，便一病不起。吕后请良医为高祖诊治，高祖问病情如何，医生说可以治好。高祖骂道："我以布衣起家，手提三尺之剑取得天下，这难道不是天命吗？命在天，即使扁鹊在世也无益。"于是，不让医生医治，赐给五十斤黄金打发走了。

不久，吕后问："陛下百年之后，如果萧相国死了，谁可以接替他为相国？"高祖说："曹参可以。"吕后问曹参之后谁可以，高祖说"王陵可以，不过此人刚直，可以让陈平协助。陈平智谋有余，但不可独当大任。周勃厚道持重，但缺少文才，然而安定刘氏天下者必是周勃，可让他做太尉。"吕后再问之后的安排，高祖说："此后的事也不是你所能知道的了。"

四月，高祖在长乐宫病逝。四日不发丧，吕后与审食其商议说："这些大将之前与先帝同为平民，后来对高祖称臣，就已很不服气，现在又要他们侍候年轻的新皇帝，如果不将他们灭族，恐怕天下会大乱。"

有人将这消息告诉了郦将军，郦将军就对审食其说："我听说皇帝已经驾崩，四天不发丧，还打算诛杀众将。如果这样做，才是真的天下大乱。陈平、灌婴率领十万大军驻守荥阳，樊哙、周勃率领二十万大军平定燕、代，如果他们知道这个消息，必会合兵进攻关中。大臣内叛，诸侯外反，灭亡的日子很快就到了。"

审食其入宫对吕后言明利害关系，在丁未日发布高祖驾崩的消息，大赦天下。高祖下葬后，太子刘盈即位。

惠帝宽厚吕后专权

高祖驾崩后，太子刘盈即位，即位时年仅十六岁，是为汉惠帝。惠帝虽然心地善良，但生性软弱，优柔寡断，高祖曾以其性格不类自己而欲废其太子之位。

惠帝统治期间，继续推行休养生息的政策。为了发展生产，减轻赋税和徭役，鼓励农民耕种，放松限制商人的政策，促进商业的发展。在文化上，废除挟书律，就是废除只许官府藏书，禁止民间藏书的政策，为文化的发展创造了宽松的环境。惠帝在位期间全面整修长安城，高祖在位期间，只修了长乐宫和未央宫。惠帝将长安城进行完善修整，历时五六年，新的长安城才完工，非常宏伟壮观。

惠帝虽是一位仁君，但却英年早逝。由于吕后的残酷与专断，惠帝非常痛苦，但软弱的天性让他对吕后又无可奈何，为了逃避终日沉溺于酒色中，在位七年便抑郁而终。

惠帝在位期间，吕后就不断铲除异己。首先残忍地迫害戚夫人，又毒杀了其子刘如意。善良的惠帝为了保护赵王刘如意甚至与其同吃同住，但还是未能阻止吕后将其毒害。吕后为了巩固自己的权势，将鲁元公主年仅十岁的女儿嫁给惠帝，娶了自己亲外甥女的惠帝十分痛苦。吕后亦多次想要除掉高祖的长子齐王刘肥，刘肥将自己的部分封地献给鲁元公主才得以幸免。

公元前187年，吕后更是公然违背高祖与群臣约定的"非刘氏王者，天下共击之"之盟誓，不顾丞相王陵的强烈反对，封吕氏族人为王。吕后逐渐掌握了汉朝政权。在分封吕氏的同时，也大力清除刘氏的势力。为了监控刘氏，将吕氏女子嫁给刘氏王侯。此外，吕后还残忍地杀害了很多刘氏皇室子弟。

惠帝驾崩后，吕后立惠帝之子为皇帝，即少帝，吕后以少帝年幼为借口，临朝听政。公元前184年，少帝得知自己非皇后亲生，自己的亲生母亲已被吕后杀死，就对身边人说长大后要报复。吕后知道后立刻废了小皇帝并将其杀害。随后，又立刘义，既不改元也无帝号，刘义实际上只是吕后手中的一个傀儡。

吕后独揽大权十多年，排斥异己，分封吕氏，迫害皇族，成为中国皇后专权的第一人。吕后虽然心狠手辣，但从惠帝在位期间便开始推行休养生息政策，促进了社会经济的发展。

萧规曹随无为而治

曹参早年在沛县做狱掾，主吏萧何为其上司，亭长刘邦为其下属。曹参作为汉朝的开国功臣，秦末就跟随刘邦起兵，冲锋陷阵，功劳卓著，攻下两个诸侯国，一百二十个县，擒获两王、三相、六将军等。汉朝建立后，高祖论功行赏，分封功臣，萧何第一，曹参第二。曹参被封为平阳侯，食邑一万户，担任齐王刘肥的相国。

曹参在齐国召集当地名士请教治国之策采用盖公"治道贵清静而民自定"的建议，根据齐国的实际情况，制定各项政策，使齐国的经济得以恢复和发展。

公元前193年，萧何病危时，极力向惠帝推荐曹参。萧何死后，曹参继任为丞相。曹参上任后，继续执行萧何制定的各项政策。曹参选择忠厚不善言辞的长者为郡国官吏，对于那些追求名利的官吏则斥退他们。然后，在丞相府日夜饮酒，无所作为。卿大夫以及宾客等见曹参不作为，就打算来劝谏一番。每逢有宾客前来，曹参都摆酒设宴，同他们畅饮，不给他们问话的机会。

曹参的儿子曹窋为中大夫，在惠帝身边做事。惠帝就怪罪丞相不理政事，以为是丞相觉得自己年少，就对曹窋说："你回家后，私下里问问你的父亲，就说'高祖刚刚驾崩，皇上又很年轻，你作为丞相，终日饮酒，无所事事，何以忧天下乎？'但是不要说是我让你问的。"

曹窋回家后就按照惠帝的吩咐问曹参，没想到曹参大怒，将曹窋打了二百板子，并骂道："天下事不是你该过问的。"

再次上朝时，惠帝责备曹参说："为何要打曹窋呢？是我让他问你的。"

曹参听后，立刻摘下帽子，跪在地上，磕头谢罪，并说："陛下觉得您和高祖相比，谁更圣明英武？"

惠帝说："我怎么敢和先帝相比呢。"

曹参又问："陛下觉得我与萧何萧丞相相比，谁更贤能呢？"

惠帝说："你好像不如萧丞相。"

曹参说："陛下说得很对，高祖与萧何平定天下，已经制定了各种法律条令。如今陛下只要垂拱而治，我与大臣等尽职守则，遵守法令，无有过失，不就可以了吗？"

惠帝听完曹参的分析，认为很有道理，就继续执行曹参的休养生息政策。

曹参为相三年多，奉行黄老思想，主张清静无为不扰民，百姓生活逐渐安定富足。

曹参死后，百姓颂扬他："萧何为法，若画一；曹参代之，守而勿失。载其清净，民以宁一。"可见，曹参遵循萧何的法令政策，使社会经济得到了发展，也得到了百姓的认可。

将相联手安汉兴刘

惠帝刘盈短命而终，之后吕后临朝听政，独掌大权。为了进一步扩大自己的势力，吕后欲封吕氏子弟为王，但又不好公然违背白马之盟的誓约。于是召集大臣询问意见，右丞相王陵毅然反驳。吕后不满，又问左丞相陈平，太尉周勃，二人说："高祖平定天下，封刘氏子弟为王，如今太后称制，封吕氏子弟为王，也没有什么不可以的。"吕后闻言大喜。

罢朝后王陵责备陈平、周勃阿谀奉承吕后，违背誓约，死后有何脸面去见高祖。陈平、周勃说："当廷争论，我们不如您；但是保全汉朝社稷，安定刘家天下，您不如我们。"王陵无言以对，不久，就被吕后罢免。

随着吕后不断铲除异己，不少刘氏皇室子弟被杀，吕氏子弟封王后更是日益专横跋扈，刘氏天下已然岌岌可危。陈平、周勃当日虽不反对吕后封吕氏子弟为王，实际上对如今的政局也是忧心忡忡。

一日，陈平坐在家中沉思，陆贾来见，陈平竟未发现陆贾已来到身边。陆贾就问陈平想什么事如此深入，陈平让陆贾猜其心事。陆贾说："您已是右丞相，食三万户，可谓是富贵至极，也该无所欲求了。如此忧虑，不过是担心吕氏诸王和少主罢了。"陈平又问陆贾该怎么做。陆贾说："天下安定，要注意丞相的任用，天下危难，要注意将领的任用。将相和睦，众人归附。众人归附，即使有变，也不用担心。"陆贾的意思就是汉室天下的安危就掌握在丞相和太尉的手里，丞相和太尉联起手来，军政大权在手，即使天下有变乱，也没有什么可担心的。陆贾又趁机给陈平出了不少主意，让陈平与周勃联手。

陈平采用陆贾的计策，给周勃送了五百金为周勃祝寿，二人畅饮长谈。后来，周勃也以厚礼回赠陈平，二人关系越来越密切。吕后也因此有所收敛，不敢为所欲为。

为了消灭吕后的势力，陈平送给陆贾奴婢百人，车马五十乘，钱五百万，作为陆贾的饮食资费，让陆贾到各处去游说汉室的王侯公卿，为兴复汉室做准备。

吕后病故政局不稳

公元前180年,已专权十余年的吕后身染重病,自知命不久矣,也开始安排后事。吕后为了稳固吕氏的统治,任命赵王吕禄为上将军,统领精锐的北军,任命梁王吕产统领南军,并且嘱咐吕禄和吕产说:"当初高祖曾与大臣立约:'非刘氏王者,天下共击之'。今吕氏封王,大臣心中甚是不平,我死后,恐有变。你们一定要控制南北精兵,慎毋为我送葬,以免被夺权。"吕后死后还有遗诏,任命吕产为相国,位在丞相之上。

吕后下葬后,吕氏子侄想趁机夺权,但又担心高祖的一些文武大臣如陈平、周勃等不从,未敢轻易动手。

这时朱虚侯刘章从妻子吕禄之女口中得知吕氏欲发动政变的消息。刘章偷偷派人将消息告知自己的兄长齐王刘襄,让其发兵进京,诛杀诸吕而自立,自己则与大臣在京为内应。

齐王又发布檄书,联络刘氏诸侯王,痛陈吕氏专权乱政,汉室之危,号召诸侯王率兵诛杀不当为王者。

吕产闻讯忙派颍阴侯灌婴率军出击。灌婴部队行至荥阳,暗自思忖:"诸吕拥兵关中,欲危刘氏而自立。我要是打败齐王,岂不是助长吕氏夺权的野心?"于是,屯兵荥阳,同时派使者告知齐王与诸侯,愿与他们联合,等到吕氏发动政变,就共灭吕氏。

吕禄、吕产想在关中发动叛乱,内惧周勃、刘章,外畏齐王、楚兵,又担心灌婴叛乱,更是犹豫不决。

太尉周勃没有实际的兵权,甚是苦恼,与陈平合计决定劫持老臣郦商。郦商之子郦寄与吕禄关系好,就让郦寄去对吕禄说:"高祖与吕后共定天下,刘氏所立九王,吕氏所立三王,都是经过大臣议定的,且诸侯也都认为合理。如今太后驾崩,皇帝年幼,而您身佩赵王印,不赶快到封国就任,却在朝中统领精兵，恐被大臣猜疑。何不归还将军印，还兵于太尉。并请吕产归还相国印，到梁国就封。这样，齐王也就会罢兵，您在封国称王也可高枕无忧，这是万世之利啊。"吕禄信以为真，欲归印还兵。派人告诉吕产以及吕氏老人，有人认为可行，有人认为不可行，因此犹豫不决。

吕禄对郦寄深信不疑，时常与之外出游猎。有一次，经过姑母吕媭家，吕媭知道后大怒："你作为将军而放弃军队，吕氏现在再没有立足之处了。"于是，将珠玉宝器都扔在堂下，并且说道："我何必替别人守着这些东西。"

吕媭从目前的形势中已然看到了吕氏的将来。

周勃夺权诛灭吕氏

吕后薨逝后，吕氏与刘氏两股主要的政治势力竞争日趋激烈。刘氏作为汉室正统，又有高祖时的一批文武大臣的协助，显然更胜一筹。

开国第二大功臣曹参的儿子平阳侯曹窋已经升任御史大夫，他拜见相国吕产商议政事。郎中令贾寿出使齐国归来，抱怨吕产道："相国不早到梁国就封，现在就是打算走，恐怕也难办到了。"贾寿把灌婴与齐楚诸侯联军，想要一举消灭吕氏之事详细地告诉了吕产，并催促吕产尽快入宫。平阳侯曹窋大致听到了这些话，就赶快把这消息告诉了丞相和太尉。

太尉周勃想进入北军，却没办法进入。襄平侯纪通掌管符节，周勃就让纪通拿着符节假传太尉入北军的召令。太尉周勃又派郦寄和典客刘揭先对吕禄说："皇上要让太尉统领北军，让您到封国去，不如赶快归还将印离开，不然，大祸将至。"吕禄认为郦寄不会欺骗自己，就把将印交给了典客，把兵权交给太尉。

周勃拿着印绶进入北军，在军中发令说："拥护吕氏坦露右臂，拥护刘氏的坦露左臂。"军中都坦露左臂拥护刘氏，太尉到军中时，吕禄已经离开北军，于是太尉掌控了北军。

丞相陈平得知吕产的密谋后，就让朱虚侯刘章协助太尉。周勃让刘章监守军门，让曹窋告知卫尉："不要让吕产进入未央宫。"这时，吕产并不知道吕禄已离开北军到了未央宫，打算叛乱，却不得进入，只得来回徘徊。曹窋担心不能取胜，就赶去告诉周勃，周勃也担心不能战胜诸吕，就派刘章进宫保护皇帝，给了他一千多士卒。刘章进入未央宫，看见吕产在廷中。傍晚时，刘章对吕产发动攻击，吕产逃走，这时狂风大作，部下也一片混乱，没人敢参加战斗，刘章追击吕产，在郎中府吏厕所中将其杀死。

吕产已死，皇帝派谒者持节慰劳刘章，刘章欲夺节信，谒者不肯，刘章则杀死谒者，驱车驰入北军，告诉太尉。太尉起身拜贺朱虚侯说："最担心的就是吕产，今已诛，刘氏天下可定。"于是，派人分头逮捕诸吕男女，不论长幼一律斩杀。后来，又逮捕并斩杀了吕禄，笞杀吕嬃，杀了燕王吕通，废了鲁王吕偃。

至此，诸吕已被消灭。齐王也罢兵东归，灌婴也罢兵荥阳而归。

群臣拥立代王入京

平定吕氏后，群臣开始商议汉室继位问题。大臣一致认为当拥立一个年长贤德的皇帝。

高祖共有八个儿子，其中四个先后被吕后害死。梁王刘恢因娶了吕产的女儿经常受欺负，实在憋屈，上吊自尽。代王刘恒因地位较低而保全了性命。淮南王刘长自幼丧母，为吕后抚养长大，故吕后当政期间也未遭迫害。只有长子刘肥在惠帝六年寿终正寝。诸吕被灭后，高祖的儿子就只剩下刘恒和刘长了。刘长因与吕后的关系，而被排除在继位人选之外，这时宽容仁慈的刘恒就成为首选，其母薄氏一家也低调善良，群臣商定后决定拥立刘恒为帝。

丞相陈平、太尉周勃等派人去迎立代王。由于母亲不受宠，代王行事一向谨慎，故先与大臣商议。郎中令张武说："汉室大臣都是高祖时的大将，熟悉兵事又多谋诈，也就惧怕高祖、吕后的威严。如今已经诛灭诸吕，刚刚喋血京师，他们虽说要迎立大王，实不可信。希望大王称病毋往，以观其变。"

中尉宋昌则否认张武的观点，并分析了可去的理由，他认为："首先，秦因暴政失天下，诸侯并起，只有刘氏得了天下，这时，诸侯已无非分之想。其次，高祖分封子弟，各地犬牙相制，有磐石之固，天下服其强盛。再次，汉兴以来，废除苛政，修定法令，施德惠民，人人自安，难以动摇。以吕后之严，分封诸吕，擅权专政，然吕后一亡，周勃入北军，振臂一呼，皆为左袒，可见，军民皆已归心刘氏。现在高祖的子嗣只有大王与淮南王，大王年长，贤圣仁孝闻名天下，所以大臣是根据天下人的心愿而来迎立大王，大王不必怀疑。"

代王与太后商议，还是不能决定。代王又派舅舅薄昭去拜见绛侯周勃，周勃将大臣迎立代王之意详细地告诉了薄昭。薄昭回去报告代王说可信，代王才决定去长安。刘恒与宋昌、张武等六人前去长安，行至高陵停止前进，派宋昌先去长安观察情况。

宋昌至渭桥，就看见官员都来迎接。就返回报告，刘恒方才驱车前来渭桥，群臣都拜谒称臣，代王亦下车答拜。太尉周勃献上玉玺和符节，代王辞谢。群臣与代王一同入代王官邸，代王虽一再推辞，在群臣的劝谏下接受玉玺和符节，即位为帝。

恩威并施巩固皇权

代王刘恒在群臣的拥立下即位，是为汉文帝。刘恒没有雄厚的政治基础，想要巩固皇权，稳定自己的统治必须采取适当的措施。

刘恒深知跟随高祖打天下的这批文臣武将要么老谋深算，要么身经百战，军权是控制他们的根本，只有牢牢掌握军权才能稳固自己的统治。文帝任命自己的亲信统帅守卫京城的部队，文帝晚上进入未央宫，连夜就任命宋昌为卫将军，统领南北精锐军队，任命张武为郎中令，负责巡视宫中。

文帝对拥立自己的大臣全部加官晋爵，且连夜下诏大赦天下，以此来安抚功臣与百姓。太尉周勃夺取军权，平定诸吕，功劳最大，被封为右丞相，食邑一万户，赐黄金五千斤。陈平出谋划策，被任命为左丞相，食邑三千户，赐黄金两千斤。灌婴驻守荥阳未发兵攻齐，后与诸侯共灭吕氏，被封为太尉，食邑三千户，赐黄金两千斤。对朱虚侯刘章、襄平侯纪通、东牟侯刘兴等也分别加封赐金。

孝文帝恢复刘姓诸王的称号与封地。先是改封原琅邪王刘泽为燕王，又将吕后所分封的吕氏在齐、楚两国的封地，全部归给齐王和楚王，并遣各诸侯王回到自己的封地。

这些措施表面看是对大臣和诸侯王的封赏，实际上是在暗自削弱他们的权力，防止朝臣与封王的势力联合，对汉文帝构成威胁。周勃作为武将，却给一个右丞相之位，右丞相虽说位极人臣，但对武将来说，无异于"虎口拔牙"，再勇猛也发挥不了能耐了。

周勃因平定诸吕功劳显著，文帝对其也一直很宽容，周勃则日益骄横，文帝对其则更加有礼。后来有大臣认为文帝这样对周勃有失君主身份，文帝之后开始渐渐严肃起来，周勃也开始敬畏文帝。周勃的手下提醒他小心功高震主，周勃醒悟过来后就辞官回乡了。

第二年丞相陈平去世后，周勃又被召回，不久文帝又撤了他的相位，对他说："诸侯王都不愿意回到自己的封地，丞相就给他们做个表率吧。"这样一位叱咤战场的骁勇之将，被文帝收拾得服服帖帖。

回到家乡的周勃为了保护自己，豢养了很多家兵，被人以谋反罪告到文帝那里。文帝将周勃逮捕到京城大牢，一番审讯后，并无反意，将其释放。

通过对周勃的处理震慑了其他的大臣，也使群臣不敢轻视宽厚仁慈的文帝了，其统治更加稳固。

励精图治开创治世

文帝通过一系列政策巩固了皇权，稳定了统治之后，又励精图治，发展生产，使汉朝进入第一个安定强盛的时代。

文帝非常重视农业生产，多次劝课农桑，减轻赋税。文帝认为：农业是天下的根本，非常重要。农民辛勤耕种还要缴纳租税之赋，这是本末不分，要完善鼓励农民从事农业生产的措施，应当免除农民的租税。文帝自己还以身作则，亲自下田耕种，为了鼓励农民发展生产，文帝还下诏农民可以任意开垦全国的土地和山林。为了减轻赋税，公元前178年和公元前168年先后两次下诏减租。公元前167年，下诏免除民田租税，同时还将算税由一百二十钱减至四十钱，徭役缩减为三年一次。

减轻赋税，中央和官府的收入必然大为减少。文帝提倡节俭，在位二十三年，"宫室苑囿狗马服御无所增益"。文帝曾想建造一座露台，让工匠计算需要花费一百斤黄金，就此作罢。文帝自己常穿粗布衣服，对于宠爱的慎夫人，也让其衣服不得曳地，帏帐不得文绣，为天下做表率。文帝提倡薄葬，对于自己的霸陵，"不治坟"，陪葬品都是瓦器，不用金银铜锡装饰。

文帝还大力发展工商业，鼓励自由买卖。一改高祖时期"重农抑商"的政策，在重视农业生产的同时，实行"重农宽商"政策。文帝废除"盗铸钱"令，也放松关卡、渡口对商人贩运的限制，使市场交易活跃，商品经济迅速发展，出现了"富商大贾周流天下，交易之物莫不通"的繁荣景象。文帝还允许私人开采矿山，鼓励农民发展副业，以增加收入。

汉文帝鼓励发展生产的同时，也很关心民生，体恤民情。文帝下诏对全国八十岁以上的老人每月由地方政府按规定发放大米、肉、酒等。对九十岁以上的老人每月还要增加帛和絮。在文帝的倡导下，尊老之风在全国盛行起来。

文帝体恤民情还表现在取消连坐、废除酷刑等方面。秦时法律对罪犯处罚严苛，一人犯法，家人、朋友、族人以及邻里等都要受连累，称为连坐。公元前179年，文帝下令废除了连坐法。公元前167年，文帝又废除了黥、劓、刖等酷刑，将黥刑改为剃去头发罚做苦工，将劓刑改为"笞三百"，将刖刑改为"笞五百"等。

文帝继位后，励精图治，勤俭节约，大力发展生产，粮食充足，人口大增，社会经济得到了恢复和发展，出现了"海内安宁，家给人足"的现象，开创了汉朝成立以来的治世局面。

平民皇后因疾失宠

　　文帝的皇后窦漪房出身平民,清河郡人,自幼家贫,父母过世后,与哥哥、弟弟三人生活。吕后时,窦漪房以良家子身份入宫伺候吕后。后来,太后打算释放一批宫人出宫,将他们赏赐给诸侯王,窦漪房也在出宫之列。

　　窦漪房是清河人,就想去赵国,可以离家近些。窦漪房就去找负责分派的宦官:"请将我分到我的老家赵国。"没想到,这个宦官后来记错了,误将窦漪房分到了代国。分派名单已经上报,也被批准了,不得不出发。窦漪房哭泣着埋怨宦官,不想去代国,但有诏书的强制命令,窦漪房才不得不去。

　　代国是高祖的第四个儿子刘恒的封国,代地原是陈豨的封地,后因谋反被高祖平定之后建立代国。窦漪房和其他四个宫女一起到达代国之后,没想到代王独宠窦漪房。窦漪房先后生下一女两男。代王刘恒的王后生了四个儿子,但是王后及儿子均早逝。

　　代王即位为文帝数月后,公卿请求立太子,因窦漪房的大儿子年龄最大且为人敦厚,故被立为太子。因王后先亡,故文帝即位后一直没有皇后。立太子三个月后,有司上书请求立皇后。薄太后对文帝说:"诸侯皆同姓,立太子的母亲为皇后。"窦漪房因此被立为皇后。

　　窦皇后由于父母早亡,薄太后下诏追尊窦皇后的父亲为安成侯,母亲为安成夫人,并设置二百户的陵园邑,由专人看守。

　　窦皇后后来因病导致双目失明,慢慢就不再受到文帝宠爱了。文帝开始宠幸慎夫人。

　　有一次,文帝带着窦皇后和慎夫人同游上林苑,郎署依照在宫中时的位置安排了皇后和慎夫人的席位。袁盎将慎夫人的席位后撤了一点,慎夫人非常生气,不肯就座,文帝也大怒,起身回宫。袁盎对文帝说:"我听说尊卑有序，上下才能和睦。现在陛下既然已经立窦皇后，慎夫人就是妃，妃后怎能同席而坐！刚才有失尊卑。陛下如果想宠幸慎夫人，可以多加赏赐。陛下刚才看起来是为慎夫人着想，实际上则是为其招来祸患。陛下难道不记得'人彘'之事了吗？"文帝听后才转怒为喜，并将袁盎的话告知慎夫人。

可见，窦漪房失明后虽尊为皇后，实际上慎夫人的地位已超越皇后。

富可敌国饿死街头

窦皇后失宠后，文帝不但宠幸慎夫人，还宠幸邓通。邓通为文帝的嬖臣，司马迁在《史记》中将其归入《佞幸列传》。

邓通，蜀郡南安人，读书不行，好戏水，善撑船。后入宫做了黄头郎，负责掌管船只。

有一次，文帝梦见自己想要飞上天，却飞不上去，有一个黄头郎从后面将他推上了天，回头看见此人穿了一件短衫，衣带系在后面。醒来后，文帝就到仓池中的渐台，偷偷去寻找梦中助他上天之人。这时，邓通衣带恰好从后面系着，正如文帝梦中所见。文帝召问其姓名，对曰邓通，文帝大喜，日渐尊崇邓通。

邓通谨慎不张扬，也不善于交际，文帝虽赐其休假，也不愿出去。文帝数次赏赐邓通，钱财以万计，官至上大夫。文帝常常到邓通家中游玩，邓通没有别的本事，不能为文帝举贤纳士，只能献媚于文帝。文帝让善于相面的人给邓通相面，说："会因贫困饿死。"文帝说："我能让邓通富贵，怎会贫困？"于是，赐邓通蜀地严道县的铜山，并允许他私自铸钱。邓通铸的钱质地优良，从此"邓氏钱"遍布天下，邓通可谓富可敌国。

文帝曾长疮，邓通经常替文帝吮疮。文帝就问邓通："天下谁最爱我？"邓通说："应该是太子。"正好太子来问候文帝的病情，文帝就让太子吮疮，太子面露为难之色。后听说邓通经常为文帝吮疮，心里感到很惭愧，同时也因此怨恨邓通。

文帝驾崩后，太子即位，是为景帝。景帝即位立即就罢免了邓通，没收了他的家产。最后，身无分文的邓通竟真的饿死街头。

文帝问政陈平智胜

陈平作为汉朝开国功臣，谋略过人，曾为刘邦六出奇计，为汉朝的建立和巩固做出了杰出贡献。吕后专权期间，陈平主动联合周勃，遏制吕后，为平定诸吕做了大量准备工作。

文帝登基后，认为周勃诛灭诸吕，功多。陈平就借口有病将右丞相之位让给周勃，并对文帝说："高祖时，周勃的功绩不如我，诛灭诸吕时，我的功绩比不上周勃，希望陛下让周勃做右丞相。"文帝封周勃为右丞相，陈平为左丞相。

过了一段时间，文帝为了解国情，就在上朝时问右丞相周勃："全国一年有多少案件？"周勃说："不知道。"文帝又问："全国一年收入多少钱粮？"周勃还是不知道，回答不出皇帝的问题，周勃羞愧得汗流浃背。

于是，文帝又问左丞相陈平，陈平说可以问主事的官员："陛下如果要了解案件之事，可以问廷尉；要了解钱粮之事，可以问治粟内史。"文帝责问陈平:"各有主事之人,那你做什么?"陈平说:"我管理众臣,丞相的职责是上佐天子理阴阳,顺四时,下育万物之宜,外镇抚四夷诸侯,内亲附百姓,使卿大夫能够各司其职。"文帝听后觉得很有道理。

周勃听后更是惭愧,下朝后责怪陈平说你平时怎么不教我这些应对皇上之事。陈平笑着对周勃说:"您身居相位,怎能不知自己的职责。如果陛下要问长安有多少盗贼,您也要回答吗?"

自此,周勃知道自己的能力远不如陈平,不久,就称病辞官。之后陈平就成为唯一的丞相。

文帝求贤田叔论长

田叔,赵国陉城人,为人廉洁,好交游,后来得到赵王赵敖的赏识。陈豨谋反时,高祖前去征讨,经过赵国时,张敖亲自持案进食,毕恭毕敬,还被高祖大骂。张敖下属大怒欲刺杀皇上,事败后张敖受到牵连被逮捕,高祖下诏说:"赵国有敢追随赵王的罪及三族。"只有孟舒、田叔等十余人冒充赵王家奴,穿着囚服跟随赵王来到长安。事情真相查明后,赵王被释放,降为宣平侯。孟舒、田叔等十余人因忠心被皇上召见,分别被授予郡守等职。田叔在汉中做了十几年的郡守。

文帝继位后就召见田叔,询问他:"您知道天下有哪些德行高尚的长者吗?"田叔说:"我怎么能知道呢。"文帝说:"您是长者,应该知道。"田叔叩头说:"之前的云中郡守孟舒是长者。"当时孟舒因抵御匈奴入塞抢劫不力被免职。

文帝说："先帝任命孟舒守云中十余年，匈奴来犯，孟舒不能坚守，导致数百人无故战死。长者能杀人吗？您怎么能说孟舒是长者呢？"田叔再次叩头说："这正是孟舒是长者的原因。当初贯高等人谋反，高祖下诏敢跟随赵王就会罪及三族。孟舒主动服髡刑，打算以死效忠，并不知道自己会成为云中郡守。楚汉相持数年，士卒疲惫不堪。匈奴来犯，孟舒知道士兵疲惫，不忍让他们出战，然而士兵争相登城拼死抗战，就像儿子帮助父亲，弟弟帮助哥哥，才导致数百人战死。孟舒怎么能再鼓励他们作战呢，这就是孟舒被称为长者的原因。"

文帝认为田叔分析的很有道理，大赞孟舒为贤者！文帝召见孟舒，任命其为云中郡守。

田叔为贤者伸冤，为国家推荐人才，得到人们的赞赏。

冯唐议将魏尚复职

王勃在《滕王阁序》中感慨自己"时运不齐，命运多舛，冯唐易老，李广难封。"这句话虽然很有名，但冯唐的事迹却不为人熟知。冯唐是汉朝的一位官员，以孝闻名，正直无私，直言敢谏，所以直到年纪很大，也没有得到升迁。

文帝乘车经过中郎署时看到冯唐年纪很大还做郎官，郎官是汉朝的一种初级官吏，就是皇宫侍卫，担任此职的一般都是年轻人，文帝就下车与之交谈，询问冯唐一些事情。

文帝说："我在代地时，尚食监高祛多次对我说起赵将李齐的贤能，讲述李齐参与巨鹿之战的事情。我现在吃饭的时候，还常常想起李齐激战于巨鹿的情景。您老人家知道这个人吗？"

冯唐说："作为将领来说，不如廉颇、李牧。"

文帝追问原因，冯唐说："我祖父在赵时，是武将，和李牧关系很好，我父亲做代国相国时，和赵将李齐关系不错，所以知道他们。"文帝听了冯唐讲述廉颇、李牧的为人后，很是高兴，就感叹说："我怎么得不到廉颇、李牧这样的人才做我的大将，如果有这样的大将，我何须为匈奴之事担忧！"

冯唐直言不讳地说："陛下即使得到廉颇、李牧，也不懂得任用。"文帝很生气，起身回了皇宫。

过了一段时间，文帝又召见冯唐责怪他说："您为什么要当众羞辱我，不能私下里告诉我吗？"冯唐谢罪："下人不知忌讳。"

后来，匈奴再次犯边，且杀了北地郡的都尉孙卬。文帝为此事担忧，又去问冯唐："您怎么知道我不懂任用廉颇、李牧那样的人才？"

冯唐说："我听说上古君王用将，跪着推车，说朝内之事寡人做主，朝外之事将军做主。将军决定一切军功赏罚，回来报告就可以了。这并非虚言。我祖父说，李牧屯边时，军市的租税都用来犒赏士兵，赏赐由将军决定，国君不加干涉。只是托付任务希望他能成功，所以李牧能充分发挥他的才智，所以能够北逐单于，破东胡，灭澹林，西抑强秦，南支韩、魏。当时，赵国几乎成为霸主。后来赵王迁即位，听信谗言，诛杀李牧，让颜聚代替李牧。结果导致兵败，被秦国消灭。现在我听说魏尚是云中郡守，把军市租税拿来犒赏士兵，用个人私钱招待部下，所以匈奴远避，不敢靠近云中要塞。匈奴曾入塞一次，魏尚率军迎击，所杀甚众。我认为陛下法令太过严明，赏轻罚重，魏尚因为上报斩首的数目差了六个，陛下就让执法之吏治罪，削了他的爵位，还判了刑。所以才说陛下即使得到廉颇、李牧这样的人才也不懂得任用。我实在愚笨，触犯忌讳，该当死罪！"

文帝听完冯唐的话，很是高兴。当天就下令让冯唐持节去赦免了魏尚，重新让他做云中郡守，并且拜冯唐为车骑都尉。

张释之执法犯龙颜

张释之，汉初名臣，以执法公正闻名。文帝时，张释之担任骑郎之官，十年未得升迁，准备辞官回家。中郎将袁昂知道他的才能，就上报文帝，请求调张释之为谒者。文帝召见，让他讲些实际可行的措施，张释之谈论秦汉得失，文帝认为分析的有道理，就拜为谒者。

文帝游览上林苑，张释之同行。文帝询问上林尉各种禽兽的情况，问了十几个问题，上林尉看看左右，回答不上来。这时看管虎圈的一个小吏回答了文帝的问题，且有意显示自己的口才和能力。文帝听后认为官吏应该这样，准备让这个小吏做上林尉。

张释之上前问文帝绛侯周勃和东阳侯张相二人如何，文帝认为这两个人都是忠厚长者。

张释之说："周勃、张相为长者，二人论事也有说不出话的时候，难道要群臣学这个小吏喋喋不休，专逞口才之利吗？秦时任用一批刀笔之吏，这些官吏崇尚空谈，不求务实，导致秦二世而亡。如果陛下也因小吏口才好就提拔他，我担心以后天下之人都会跟风附和，争相空谈不务实际，皇上对天下的影响极大，任何举措不可不慎重。"

文帝听从了张释之的劝谏。回到皇宫后，升张释之为公车令。

过了一段时间，太子与梁王乘车入朝，经过司马门没有下车，张释之追上去，阻止太子、梁王不让他们进入殿门。接着，又弹劾他们经过公门不下车之不敬，并且报告给了皇上。薄太后知道了，文帝摘下帽子赔罪说："怪我教导儿子不严。"薄太后派人拿着赦免太子、梁王的诏书过来，张释之才放他们进去。

文帝由此认为张释之执法严正，就让他做了中大夫。过来一段时间，又升至中郎将。

后来，张释之跟随文帝至霸陵，文帝说："如果用北山的石头做椁，用碎麻絮填塞石椁缝隙，再用油漆涂在上面，哪里还能打得开。"左右称善，张释之进言说："如果里面有让人想要的东西，即使封铸南山做棺椁，也会有裂缝，如果里面没有人想要的东西，即使没有棺椁，又有什么可担心的！"

文帝觉得有道理，后来就任张释之为廷尉，主管全国的刑狱。

一次，文帝出行，行至中渭桥，有人突然从桥下走出，惊了驾车的马。文帝让侍从抓捕此人，交给廷尉审理。张释之审问，那人说自己从乡下来，听到回避的禁令，就躲在桥下，后来以为皇上的车马已过，就从桥下出来了。张释之认为此人并非有意冲撞，就只判处罚金。文帝大怒，说："此人惊了我的马，幸好我的马温顺，如果是别的马，我不就摔伤了吗？廷尉怎么能只判处罚金。"张释之说："法律是皇上与天下人都共同遵守的，法律就是如此规定的，如果因为惊吓的是皇上就随意更改，法律就不能取信于民了。当时如果陛下立刻杀了那人也就罢了。现在交给廷尉处理，廷尉是为天下公正执法的，一旦有失偏颇，天下执法之人都会跟着随意改变刑罚的轻重，让老百姓怎么办？希望陛下明察。"

文帝最后只得承认张释之是对的。

有人盗窃高祖庙前的玉环，被抓后交给廷尉处理，张释之根据法律判其斩首示众。文帝大怒，认为张释之判得太轻，应该诛其三族。张释之免冠顿首，据理力争，认为应该按照法律办事。文帝最后也只得同意张释之的判处。

张释之一生执法公正严明，不徇私情，甚至不惜触犯龙颜，赢得了"张释之为廷尉，天下无冤民"的美誉。

政治天才英年早逝

贾谊是汉文帝时期著名的天才政治家、文学家，提出了不少针砭时弊的建议，写出了不少影响深远的文章。毛泽东曾称赞贾谊的《治安策》为"西汉一代最好的政论"。

贾谊师从张苍，少有才名，以能背诵《诗经》《尚书》和善写文章闻名于当地。当时河南郡守吴公很器重贾谊，在贾谊的辅佐下，吴公治理的河南郡成绩卓著。

文帝继位后，在吴公的举荐下，二十一岁的贾谊被文帝征召，授以博士之职，成为当时最年轻的博士。汉朝博士是专备皇帝咨询的官员，每次文帝提出问题，许多年纪大的博士回答不上来，只有贾谊能对答如流，大家都认为贾谊说出了他们想说却表达不出来的话。大家都自认不如贾谊。文帝大喜，一年内将贾谊提拔至中大夫。

贾谊被任命为中大夫不久，就总结秦亡教训写了《过秦论》，又针对当时社会风气日渐奢侈的现象，写出《论积贮疏》，在文章中提出重农抑商的政策，强调重视农业等，建议被文帝采纳。政治上为了防止诸侯王与朝官势力联合，威胁中央，贾谊建议遣送诸侯王回到各自的封地。

贾谊突出的政治才能引起了一些功臣元老的嫉妒，当文帝想要擢升贾谊为公卿时，周勃、灌婴等人纷纷上书诬告贾谊想要专权，扰乱政事。文帝也就慢慢开始疏远贾谊。

公元前176年，贾谊被外放到长沙，担任长沙王太傅。贾谊在被贬途中，写下《吊屈原赋》，表达了自己的抑郁之情。在长沙的第三年，又写下了《鵩鸟赋》。

后来，文帝又将贾谊召回长安，于宣室长谈至夜半，文帝感叹道："我很久不见贾生，自以为超过他了，现在看来还是不如他。"就拜贾谊为梁怀王太傅。

贾谊在担任梁怀王太傅期间，给文帝提了不少建议，其中最著名的就是《治安策》。在《治安策》中贾谊分析了当时的形势，指出汉朝存在的三个主要问题，即匈奴问题、制度问题、诸侯王问题，并提出了相应的对策。尤其是在诸侯王的问题上，他敏锐地看到了潜在的危险，认为地方势力不断壮大，尾大不掉，难以控制，建议进一步分封各诸侯国，削弱他们的实力，使之无法与中央抗衡。可惜这些建议未被采纳，诸侯王问题到景帝时期发展成七国之乱。

公元前169年，贾谊随梁怀王入朝，怀王坠马而死，贾谊为此深感愧疚，常常哭泣，第二年便抑郁而终，年仅三十三岁。

细柳屯兵军纪严明

周亚夫，西汉著名的将军，其父为西汉开国功臣周勃。周亚夫治军严格，军队纪律严明，被文帝称赞为"真将军"。

公元前158年，匈奴大举侵扰边塞。文帝派刘礼驻军霸上，徐厉驻军棘门,周亚夫驻军细柳,以防备匈奴入塞。

为了鼓舞士气,文帝亲自到驻地慰劳军队。到霸上和棘门的驻地,都是长驱直入,且将军和部下亲自出来迎接和恭送。文帝到了细柳驻地,却受到了截然不同的待遇。

周亚夫的军营中军士都穿着铠甲,手执兵刃,戒备森严。文帝的先驱车队先到,却不得进入。先驱官说:"陛下就要到了。"军门都尉说:"周将军有令,在军中只听将军的军令,不听天子的诏令。"没过多久,文帝到了,同样不得进入军营。

文帝派使者拿着自己的符节去诏见周亚夫,说皇上要来慰劳将士。周亚夫才传令打开军营大门,士吏又嘱咐文帝的随从和车夫说:"将军有规定,军营中不许车马疾驰。"文帝吩咐车夫缓慢徐行。到了军营中,周亚夫手执兵器,一身戎装,向文帝施礼道:"臣介胄之士不便下跪,请陛下允许我以军礼拜见。"

文帝深受感动,在车上严肃地向军士们行军礼,并派人前去称谢:"皇上郑重地慰劳将军。"慰劳结束后,文帝离开军营。

出了军营后,群臣对文帝的做法都感到惊讶和不解。文帝赞叹说:"这才是真将军!之前霸上和棘门的军队,如同儿戏,如遇袭击,他们的将军恐怕都要被俘虏了。至于周亚夫,匈奴能有机会进犯吗?"后来,文帝任命周亚夫为中尉。

文帝在弥留之际,告诫太子说:"如有紧急之事,周亚夫可用。"文帝驾崩后,周亚夫被任命为车骑将军。

缇萦上书为父申冤

缇萦是西汉著名医学家淳于意的女儿,为救父亲上书文帝,愿充官婢,代父受刑。此举感动文帝,不但救了自己的父亲,还促使文帝废除肉刑。故班固赞她道:"百男何愦愦,不如一缇萦。"缇萦上书救父的故事,流芳千古。

淳于意曾任太仓长,但爱好医术,乃辞官学医,因得到名医公乘阳庆的真传,医术精湛。不过淳于意不肯屈颜于王公贵族,曾拒绝做赵王、胶西王、济南王、吴王等人的私人医生,也常拒绝为富商大贾出诊,因此得罪了不少权贵。后被诬陷遭到逮捕,被判处肉刑,要送到长安受刑。

淳于意没有儿子,只有五个女儿,临行前,女儿跟着哭泣,毫无办法。淳于意骂道:"没有儿子,危难时刻,没有能帮上忙的。"缇萦听后就决定跟随父亲去长安。

到长安后,缇萦给文帝上书,替父申冤:"我父亲淳于意为吏时,齐人都称赞他廉洁清平,现在犯法,被判肉刑。我痛心的是人死后不能复生,受刑的人,肢体受损,即使想要改过自新,也没有办法了。我愿意入官府为婢,替父亲赎罪,使其免受刑罚,让他有改过自新的机会。"

汉文帝看了缇萦的上书,被缇萦的孝心感动,就免除了淳于意的刑罚。缇萦不但用自己的智慧和孝心救了父亲,还感动了文帝,促使文帝当年就下诏废除了肉刑。

文帝在诏书中说:"听说有虞氏时,在囚犯衣帽上画上特殊的颜色和图形以此来羞辱他们,百姓看到后就不再犯罪了。现在肉刑就有三种,而犯罪不止,问题在哪里呢?难道是我仁德不够吗?我深感惭愧,现在人们有了过失,还没进行教化就受到刑罚,有人想要改邪归正也没机会,我很同情他们。况且受刑使他们断了肢体,肌肤上刻了字,终身无法免除痛苦,这是多么不仁德的事情。"

于是，让张苍根据诏书废除肉刑，将黥刑改为剃去头发罚做苦工，将劓刑改为"笞三百"，将刖刑改为"笞五百"等。

景帝即位政策开明

公元前157年，在位二十三年的文帝重病在床，不久驾崩。太子刘启即位，即汉景帝。

景帝在位期间，继续推行休养生息和重农抑商的政策。景帝认为农业是天下的根本，鼓励发展农业生产，多次下令官员以劝勉农桑为主要工作。景帝继续实行文帝以来的轻徭薄赋政策，即位之初就将田租减去一半，即由文帝时的十五税一改为三十税一，且这种税制成为西汉定制。景帝允许居住在贫瘠之地的农民迁到土壤肥沃的地方开垦种植。后来又推迟男子开始服役的时间，且缩短服役时间。这些政策保证了经济的发展。

景帝为了加强中央集权，大力推行晁错主张的削藩政策，平定"七国之乱"后，继续削弱诸侯国的权力，收回诸侯国的官吏任免权。但是诸侯王问题并未彻底解决。

景帝在位期间，不再严禁其他学派的发展。汉初推崇黄老之学，主张无为而治，景帝在发展黄老之学的同时，也允许其他学派的发展。景帝在文化上最突出的贡献是支持办学。文翁被景帝任命为蜀郡太守后，创办了郡国官学。景帝对文翁的办学模式很是赞赏，就下诏在全国推行。地方官学的推广对文化的传播和发展起到了重要作用。

景帝在发展文化和教育的同时，也打击豪强，减轻刑罚，稳定了社会秩序。景帝一方面将豪强迁到阳陵以削弱其宗族势力；另一方面，任用酷吏，打击豪强。为了安抚百姓，景帝减轻刑罚，并且规定刑具的尺寸，对于判案的官员，景帝也经常训诫他们要宽容。

在处理匈奴的问题上，景帝继续推行和亲政策。对于匈奴在边境的骚扰，景帝并没有大举反攻，积极防御的同时在边境地区设立市场，允许与匈奴自由贸易，一定程度上缓和了汉匈之间的矛盾。

景帝作为汉朝的一位明君，通过一系列开明宽松的政策，促进了社会经济的发展。

休养生息文景之治

秦末多年的农民战争以及楚汉之争，使得社会经济的发展遭到严重的破坏，到处是贫困饥荒的萧条景象，甚至连皇帝出行都找不到四匹一样的马来拉车。

高祖采用休养生息的政策，稳定和发展生产。经过一段时间的发展，社会经济有所恢复。平定诸吕之乱后，汉朝的政治才逐渐稳定下来。

文帝和景帝在位期间，继续推行休养生息的政策，使得经济发展、社会安定，被称为"文景之治"。

文景之时政治上采取无为而治的方针，这是汉朝各项政策的基础，无为并不是无所作为，而是不扰民，为农民发展生产提供稳定的环境和有利的政策。

汉初重视农业生产，减轻农民负担，文帝和景帝时农民的赋税较轻，加上政府鼓励生产，农民生产积极性大为提高，生产发展较为迅速，人民生活富足，社会安定。据《汉书·食货志》的记载，汉初到汉武帝初年的七十年间，如果国家没有什么大的事变，没有水旱灾害，百姓可以家给人足。国家和地方的粮仓都是满的，官府也有了多余的钱财。京师积累的钱财上百万，穿钱的绳索都已腐烂没有办法提起来。仓库里的粮食年年积累，仓满之后堆积于仓外，以至于腐坏不能食用。田间巷口牛马成群。

文景时期注意减轻刑罚，文帝废除了肉刑，景帝时将刑罚进一步减轻，甚至规定了刑罚的具体施行措施。

军事上尽量避免对匈奴展开大规模战争，从高祖时一直采取和亲政策，为经济的发展赢得了安定的环境且保证了充足劳动力。文景时对周边也尽力保持友好关系，避免战争，一切为经济的发展让路。

文景之治是中国封建社会出现的第一个盛世，经济繁荣，社会富足，人民的生活水平得到了很大的提高。

晁错上书建议削藩

汉初认为秦朝实行郡县制二世而亡，在于没有同姓子弟的维护，因此，实行郡国并行制。但是同姓诸侯王的势力逐渐强大，威胁到中央的统治。文帝时，晁错就建议削弱诸侯王的势力，但未被采纳。景帝即位后，晁错再次提议削藩。

晁错为人正直，文帝时，被派去伏生那里学《尚书》，回来后为文帝讲《尚书》，深受文帝赏识，被任命为太子舍人，后又提拔为博士。晁错以其才智获得太子宠信，被称为"智囊"。

景帝即位后，任命晁错为内史。晁错多次向景帝提出建议，多被采纳，景帝对晁错的宠信超过了九卿。不久，就升任御史大夫，地位仅次于丞相。

晁错给景帝上书《削藩策》，奏报诸侯王的罪过，建议景帝削减诸侯王的封地，没收他们的旁郡，并且指出："今削之亦反，不削亦反。削之，其反急，祸小；不削之，其反迟，祸大。"景帝让公卿、列侯、宗室来商议，无人敢反对，只有窦婴争论，因此，与晁错有了过节。

晁错又将削藩更改为三十条，诸侯哗然，更加憎恨晁错。

晁错的父亲知道此事后，从老家颍川赶来对晁错说："皇上刚刚即位，你削减诸侯的封地，诸侯王与皇上乃是至亲，你这样做，会遭到人家的怨恨的。你为何非要这样？"晁错说："不削诸侯王的封地，天子地位不尊，国家不安。"晁错的父亲说："刘氏安定了，晁氏危险了。我不愿看到祸及吾身。"就服毒而死。

景帝采纳了晁错的建议，下令进行削藩。景帝先是收回楚王封地，接着夺了赵王的封地，正当准备收回实力最强的吴王的封地时，吴王联合其他诸侯王以"清君侧"的名义，准备起兵。

景帝即位时间不是很长，政基不稳，为此感到很是恐慌。

袁盎与晁错素来不和，晁错又打算以袁盎受吴王贿，知吴王谋反不报为由，请丞史治罪。丞史未同意，晁错犹豫不决。袁盎知道了此事，因害怕被治罪，连夜去见窦婴，打算去见皇上说明情况。袁盎见到景帝后，晁错也在，袁盎更恨晁错。就私下对景帝说："只要尽快杀了晁错，恢复诸侯王原来的封地，他们就会罢兵不再反叛朝廷了。"景帝为了稳固统治，就采纳了袁盎的建议，任命窦婴为大将军，袁盎为太常。景帝让袁盎秘密出使吴国。

景帝派使者到晁错家，以上朝议事为由将晁错带至长安东市，突然宣布诏书，将晁错腰斩于市。一心为了安定汉室天下的晁错就这样莫名其妙地成了牺牲品。

亚夫平定七国之乱

公元前154年，吴王刘濞联合楚王刘戊、赵王刘遂、济南王刘辟光、淄川王刘贤、胶西王刘卬、胶东王刘雄渠一起以清君侧、诛晁错为名义，发动反叛朝廷的叛乱，被称为"七国之乱"。

七国之乱发生后，景帝为了尽快让诸侯王退兵，就接受袁盎的建议，诛杀了晁错。然而，诸侯王并未因此退兵，反倒认为景帝软弱。这时，实力最强的吴王已自称东帝，且拒见景帝派出的使者袁盎。景帝无奈，才决定武力镇压叛乱的诸侯王。

景帝任命周亚夫为太尉，派他率领三十六位将军及主力抵抗吴楚联军。又派曲周侯郦寄攻打赵国，栾布攻打齐国，以窦婴为大将军驻守荥阳。

周亚夫认为吴、楚士兵勇猛，与之正面交战难以取胜，就建议让梁国拖住吴、楚军队，自己率军绝其粮道。景帝同意了周亚夫的建议。

周亚夫与诸军会兵荥阳，这时吴军正在攻打梁国，景帝的弟弟梁王就向周亚夫求救。周亚夫反而率兵向东北的昌邑而去，在昌邑筑垒坚守。梁王每天派人向太尉求援，周亚夫就是不出兵。梁王给景帝上书，景帝下诏让周亚夫救援梁王。周亚夫认为将在外，可以便宜行事，依然坚守不出。但却派兵截断了吴军的粮道。梁王没有办法，看到皇帝哥哥的命令也奈何不了周亚夫，只好拼死抵抗。

吴军断了粮道，粮草匮乏，人饥马困，想要速战速决，多次挑战，周亚夫仍是不出击。吴、楚军士数次挑战未能成功，加上士兵饥饿，只得退走。这时，周亚夫认为战机已经成熟，率精兵追击，大破吴楚联军。吴王刘濞弃军而逃，只带了数千壮士逃向东越。汉军乘胜追击，尽掳其军，周亚夫又以千金赏购吴王首级。

过了一个多月，越人杀死吴王将其首级献给周亚夫。这时，楚王刘戊兵败自杀，赵王城破自杀，胶西等国攻打齐地也未攻下，汉军到达后，各国军队纷纷溃退。至此，经过三个月的时间七国之乱被彻底平定。

七国之乱，表面看是削弱封地引起的反叛，实则是地方势力发展与中央产生的不可调和的矛盾。即使没有晁错削藩，诸侯王也会有其他借口发动叛乱，晁错就成了牺牲品。

七国之乱后，诸侯王的势力被削弱，景帝趁机收回了诸侯王任免封国官吏和赋税征收的权力，诸侯王失去了政治权力，其地位已与郡县无异，中央的权力得到进一步的强化。

"苍鹰"郅都国之爪牙

郅都被司马迁列入《酷吏列传》，但并不是说郅都残酷，而是指不畏豪强，执法不阿。郅都在文帝时做过郎官，景帝时，被任命为中郎将，敢于直谏，在朝堂上当面驳斥意见不同的大臣。

一次，郅都跟随景帝游上林苑。景帝宠爱的妃子贾姬去上厕所，一头野猪也冲进了厕所。景帝示意郅都去救人，郅都却站着不动。景帝情急之下拿着兵器就要去救人，郅都上前跪在景帝面前说："一个姬妾死了还可以再选一个，天下还缺少贾姬吗？可陛下要是不珍惜自己，万一出了事，国家怎么办？太后怎么办？"景帝听后觉得有道理便不去了，没想到野猪也出来了。窦太后听闻此事，赏赐郅都百斤黄金，由此也很器重郅都。

郅都打击豪强，绝不手软。当时，济南闲氏家族有三百多家，称霸一方，官府莫能治。景帝任命郅都为太守，去治理济南。郅都到济南后，先是将闲氏首恶斩首，其余的地方势力也不敢再与官府作对。郅都在任一年多，济南郡中道不拾遗，社会安定。

郅都为人勇敢，为官清廉，不看私信，不要私物，不受私情，常自称："既然已离家出仕，就要奉公守法，以身殉职，怎能顾及家人妻子。"

后来，郅都升迁为中尉，负责京城的治安。郅都见到当朝地位最高也最傲慢的丞相周亚夫也只是作个揖而已。郅都实行严酷刑法，执法不避权贵，列侯宗室见到他都不敢侧目而视，郅都也因此得到一个外号"苍鹰"。

临江王刘荣本是景帝的长子，也是太子，因有大臣上书立其母栗妃为皇后，栗妃因此遭到其他妃子的陷害，太子也受牵连被废。刘荣为临江王时侵占庙地修建宫室，被召到中尉府受审。刘荣想要给皇上写信谢罪，郅都不许。魏其侯窦婴暗中给刘荣送信，刘荣将信送出后就自杀了。窦太后知道后大怒，找个理由罢免了郅都。

郅都执法严苛的威名远播匈奴，张汤曾说汉有郅都和魏尚，匈奴不敢南侵。大臣谷永则赞其为"战克之将，国之爪牙"。但是郅都触怒太后被免职后，匈奴犯边，朝廷无得力干将，北部边境又陷入混乱。景帝派专使拜郅都为雁门郡太守，直接赴任。匈奴听闻郅都为雁门太守，便向后撤退，远离雁门。据《史记》记载，匈奴曾做一个郅都头像的靶子，让士兵练习射箭，没有一个人能够射中。可见，匈奴十分畏惧郅都。

匈奴为了除掉郅都，便散布郅都的谣言，陷害郅都。窦太后因刘荣之事对郅都一直怀恨在心，就抓了郅都。景帝与太后争论，想要放了郅都，但是郅都最后还是被太后杀了。郅都死后不久，匈奴就开始犯边。

郅都为官清廉，为汉朝做出了不少贡献，但却不知变通，最后蒙冤而死。

文翁办学教化蜀地

秦始皇焚书坑儒后严禁私学的发展，文化教育一度停滞不前。汉朝初期，统治者将重心放在政治的稳定和经济的发展上，无暇顾及教育。西汉初期文化的发展和传播主要表现在私学的发展，官学的大规模发展是在武帝时期，武帝时正式设立太学。在武帝之前已有一位推行官学教育的先驱——文翁。

文翁是庐江人，从小爱好读书，精通《春秋》，被推举为县吏。景帝后期，被任命为蜀郡太守。蜀地偏远闭塞，有蛮夷之风。文翁到任后，想要改进这种情况，就从郡县一些官吏中选拔聪敏有才者十余人，亲自教导，派他们到京师向博士学习经书或者律令。几年后，这些人学成归还，文翁将他们安排在重要的职位上。文翁还向朝廷推荐他们，有人甚至官至郡守、刺史等。

文翁除派人到京师学习外，还在蜀地兴办官方学校，招收下属各县的子弟为官学弟子，还免除他们的徭役和兵役，成绩优异的学生还可到郡县任职，县里的官民看到这种情况都觉得很荣耀。几年后，都争相到学校学习，有些有钱人甚至愿意花钱进学校学习。从此，蜀地百姓得到教化，到京师学习的人数可与齐鲁之地相比了。文翁在当地大力提倡和发展教育，促进了蜀地文化的发展。班固在《汉书》中对文翁在蜀地办学赞誉极高，认为巴蜀之地爱好文雅，是文翁布施教化的结果。

文翁在蜀地办学，成为地方设立官学之始，此举得到了景帝的大力支持。文翁也因此得到当地人民的尊重与怀念，文翁死后，当地官民为他建立祠堂，进行祭祀。

太后干政欲立幼子

窦皇后一生有三个孩子，长女刘嫖，长子刘启，也就是太子即后来的汉景帝，幼子刘武。文帝驾崩后，刘启即位，尊自己的母亲为窦太后。但窦太后一直宠爱幼子刘武，认为此子才略出众，很想让刘武当皇帝。

景帝即位后，在窦太后的压力下，一直未立太子。一次，景帝酒后对刘武说："我死后，将皇位传给你。"窦太后听了非常高兴，窦婴却提出了反对意见，认为汉朝皇位是父子相传，不能传给兄弟。窦太后大怒，由此憎恨窦婴，并将窦婴逐出窦氏家族，景帝的想法也因此动摇了。

公元前153年，景帝立长子刘荣为太子。公元前150年，梁王刘武入朝，窦太后让景帝准许梁王留在京师。十一月，太子因母亲之故被废。窦太后似乎又看到了希望，并说殷商的制度就是兄死弟继，劝说景帝日后让弟弟刘武继位，景帝无奈之下，只得答应窦太后。

后来，景帝咨询大臣袁盎的意见，袁盎认为不妥，对景帝说："春秋时，宋国国君让弟弟继任王位，结果造成内乱，皇上要引以为戒啊！"

袁盎又问窦太后："梁王继位，百年之后，立谁为帝？"窦太后说："让景帝之子继位。"

袁盎说："到那个时候，梁王的儿子们一定不会同意，势必与景帝的儿子们引发一场内乱，这也不是太后希望看到的。"窦太后无言反驳，之后不再提让梁王继位的问题，但窦太后和梁王都怨恨袁盎。

景帝立胶东王刘彻为太子，从此，梁王也断了当皇帝的念想，便回到了自己的封地。但是梁王对袁盎的怨恨并未消失，袁盎最终被梁王派的刺客刺杀。

后来梁王病死，窦太后伤心至极，认为是景帝杀了她最疼爱的儿子。景帝把梁国分赐给梁王的五个儿子，重赏梁王的五个女儿，窦太后才稍微平息了满腔的愤怒。

窦太后干涉朝政还表现在尊崇黄老之学、排斥儒学上。窦太后要求景帝和刘氏、窦氏子弟都必须读老子之书。在窦太后的干涉下，景帝在位十七年间，没有重用过一个儒生。

景帝时有一位博士辕固生，好《诗》。一次，窦太后召见辕固生问《老子》，辕固生说："不过是普通言论。"窦太后大怒，骂儒生不如猪狗，并让辕固生到兽圈去刺杀野猪。景帝知道辕固生无罪，但又不敢劝阻太后，就赐给辕固生一把利刃。辕固生进入兽圈后一下刺死野猪，窦太后只得免了辕固生的死罪，但也罢了他的官。

窦太后虽出身平民，但却一路走上一个女人最高的权力宝座。推崇黄老，排斥儒术，延续汉初的休养生息政策，让汉初经济得到发展。宠爱幼子，数次欲立为太子，但在大是大非面前，终于还是接受了袁盎的建议，维护了汉朝的稳定。

栗姬骄纵错失后位

栗姬非常美艳且能歌善舞，被刘启看中带回宫。栗姬深得刘启的宠爱，接连为刘启生下三个儿子。栗姬虽然获宠，但没有背景，地位不高。刘启的太子妃薄氏是薄太后的族人，但一生都没有得到刘启的宠爱。刘启即位后，因有薄太后的支持，薄氏封为皇后，但薄氏也是命薄，一生没有子嗣。

公元前153年，景帝立栗姬的长子刘荣为太子。刘荣被立为太子后，栗姬母凭子贵，开始骄纵跋扈起来。这时，景帝的姐姐馆陶长公主从刘荣那里看到了希望，就想让自己的女儿嫁给刘荣，不料却遭到栗姬的拒绝。长公主对栗姬心生怨恨，打算找机会报复。长公主在景帝的儿子当中进行了一番排查，最后选定了聪明伶俐的刘彻，而刘彻的母亲王娡就圆滑得多了，当即应允了这门亲事。馆陶长公主当然会想尽办法让自己的女儿今后荣登后位的。

馆陶长公主经常给景帝介绍美女，景帝对这位长公主姐姐也一向十分敬重。长公主就经常在景帝面前说栗姬的坏话，然后称赞刘彻。景帝本来也十分喜爱刘彻，在长公主不停为刘彻美言之后，更加宠爱。

栗姬本就心胸狭窄，加上馆陶长公主在景帝面前重提人彘之事，景帝也是有些担心。一次，景帝对栗姬说："刘荣已是太子，我百年之后，你要善待其他的妃子和他们的儿子。"景帝这话已经非常明显是要立栗姬为后了，但是栗姬却恼怒那些妃子争了她的宠，不但不答应，还当面顶撞景帝。

王娡却是非常有心计之人，看到景帝生气，却派亲信劝礼部主管大行官给景帝上书封栗姬为皇后。景帝看到奏章，十分恼火，认为是栗姬与朝臣勾结，立刻杀了大行官。景帝认为栗姬若是当了皇后，还不葬送了刘家的天下？就狠下心来废了太子刘荣。

太子刘荣被废后，改封为临江王。景帝也不愿再见栗姬，忧愤难平的栗姬最后郁郁而亡。

栗姬本来距离皇后之位仅一步之遥，但因自己的骄纵惹怒了长公主，又因自己的心胸狭小，恃宠而骄，不懂变通，结果因小失大，连累儿子被废。

公主相助美人得利

馆陶长公主刘嫖是文帝的长女，景帝刘启的亲姐姐。窦太后就这么一个女儿，对长公主十分宠爱，景帝也因此对长公主十分纵容。长公主经常出入皇宫，地位很高。

就这样一位人人都要敬让三分的得宠长公主却在太子之母栗姬那里吃了闭门羹，自然十分恼火。长公主一直想让自己的女儿成为皇后，刘荣被封为太子后，长公主就去找栗姬商量定亲之事，本以为毫无悬念的事情却没成。

这时，宫中颇有心计又很低调的王美人王娡看到了机会，立刻将长公主请进自己的住处进行劝慰。长公主衡量了一番，王美人的儿子刘彻虽然年龄小了点，但确实聪明也很得景帝宠爱，长公主就打算将女儿许给刘彻。王美人自然欢喜，但表面却不动声色地说："只是彘儿不是太子，怕是要委屈了阿娇？"这话正说到长公主的心坎里。两人当即决定定下亲事。在王美人和长公主的共同劝说下，景帝也只好同意了这门亲事。

现在栗姬面对的就不只是长公主了，其最大的敌人将会是王美人。但聪明的王美人还是像以往一样贤淑大度，不争不闹。王美人本是平民女子，已经结婚生女，恰逢东宫选秀，便抛夫弃女入了宫。在美女如云的太子宫，王娡能够得到景帝宠爱连生三女一子，可见其手段和心机。

长公主却沉不住气，忙着给自己未来的女婿争宠了，要让自己的女儿当上皇后，女儿就要嫁给皇帝，现在的太子当然就要换一换了。太子刘荣成熟稳重，不好下手，但是他的母亲栗姬却是个不顾大局，争宠善妒且不够聪明之人。长公主就经常在景帝面前搬弄栗姬的是非，景帝也深知栗姬的不足。在一次试探栗姬之后，景帝对栗姬彻底失望，但碍于多年的情分也未发作。

看似不闻不问的王美人则时刻关注着栗姬的动向呢，得知消息的王美人认为时机已到，趁机给景帝火上浇点油，暗暗派人煽动大行官上书景帝立栗姬为后。景帝大怒,杀了大行官,废了太子。

长公主常常在景帝面前夸张刘彻聪明,懂事,景帝本来也十分疼爱这个儿子。在太子被废的当年就册封王美人为皇后,十二天后,刚满七岁的刘彻被立为太子。

在长公主的帮助和王美人的努力下,王美人母子成了最大的受益者。

刘彘改名入主东宫

刘彘就是历史上赫赫有名的汉武帝刘彻。刘彘的母亲王美人出身平民,靠美色和心机得宠。但接连生了三个女儿,王美人为此也很苦恼,随着年龄的增长,如果不生个儿子,恐怕今后的地位不保。在王美人怀上第四胎的时候,一直祈祷生个儿子的王美人就对景帝说自己梦见一轮红日入怀,没想到王美人还真生了个儿子。

这个儿子是景帝即位后的第一位皇子,景帝对这个皇子也是另眼相看,为其取名刘彘,在古代,彘寓意吉祥,古人认为猪有龙像。景帝因梦见天上掉下一头红色的猪,且爷爷高祖在梦里叮嘱要给孩子取名为"彘"。于是,王美人的儿子便有了这样一个名字。

刘彘从小聪明好学,深得景帝宠爱。长公主在栗姬那里碰壁后,就将女儿许给了刘彘。当时刘彘只有六岁,长公主的女儿陈阿娇十岁。在年龄上两人是有点不太合适,景帝当时也不同意。据成书时代不详的小说《汉武故事》记载,长公主指着宫女问刘彘是否愿意娶其为妇,刘彘不同意,问到阿娇时,刘彘不但愿意,还说长大后要盖一座金屋给阿娇姐姐住。这就是历史上有名的"金屋藏娇"的故事。

在太子刘荣被废之后，在长公主和王美人的共同努力下，刘彘被立为太子。彘虽然吉祥，终归不太好听，景帝根据《庄子》中"心知为彻"这句，因知与彘同音，就将刘彘改名为刘彻。

刘彻被立为太子后，更加用功学习。景帝为太子找来才华出众的卫绾做太傅，学习经学、文学等。刘彻不但学习文化知识，还学习了骑射等。

武帝即位改革受阻

公元前141年，刘彻即位为汉朝第七位皇帝。汉武帝刘彻开创了西汉历史最鼎盛的时期，使汉朝成为当时世界上最强大的国家。《汉书》称其"雄才大略"，这样一位伟大的皇帝在继位之初却不得施展自己的雄心壮志。

武帝继位之初，继续推行汉初以来的休养生息政策。景帝时虽然平定了七国之乱，政局稳定，但是诸侯国对朝廷的威胁依然存在。而且窦太后在景帝时就干涉朝政，窦氏诸侯也目无朝纲法纪。为此，武帝决定进一步削弱地方宗族势力，强化皇权。

武帝和他的父亲景帝同样推崇儒术，但同样遭到尊崇黄老之术的窦太后的反对。窦太后在孙子继位后还是经常出面干预朝政。武帝面对年迈、专横的祖母也无可奈何，汉朝讲究孝道，不好直接违抗祖母，而且所有的朝政大事都要随时请示。

武帝还是太子时，喜好儒学的景帝就为太子找了两位太傅——卫绾和王臧，武帝受这两位儒家老师的影响，也偏好儒学。武帝即位后，召贤良方正文学之士，赵绾和王臧都曾向申公学《诗》，得到武帝赏识，王臧累迁为郎中令，赵绾为御史大夫。赵绾和王臧请求武帝立明堂以朝诸侯，武帝未同意，就向武帝举荐他们的老师申公。武帝就派使臣带着礼物驾着马车去迎接八十多岁的申公。申公的论政并未让武帝满意，但还是封他做了太中大夫。赵绾和王臧又建议武帝仿效古制，改历易服、封禅巡狩等，最重要的是他们建议武帝朝堂之事不用请示窦太后。此时，汉朝的政局都是窦太后把持，这点事情立刻传到了窦太后那里。窦太后勃然大怒，立刻命令武帝罢免了赵绾和王臧，并召有司办案审理。后来赵绾和王臧自杀，他们建议所兴之事全部废除。

窦太后在世期间，武帝摄于窦太后的压力和政治势力未能重用儒生。直到窦太后去世，武帝才开始重用儒士，采用他们的思想来治理国家。

仲舒对策尊崇儒术

武帝即位后，窦太后当权，政治思想上依然奉行黄老之学，无为而治。经过文景朝之后，经济得到恢复发展，但地方势力不断增强，匈奴在边境不断地进行扰乱。这些日益突出的社会问题，仅靠黄老思想已无法解决，主张大一统思想的儒家学说适应社会的发展，逐渐受到武帝的重视。

窦太后去世后，武帝逐步取得统治权，开始推行改革。武帝下诏让各地举荐贤良，亲自问策。研读《春秋》的董仲舒也在被举荐之列，武帝召见董仲舒询问如何继承和发展先帝伟业。每次询问，董仲舒都呈上一篇对策。在这些对策中，董仲舒阐述了"天人关系"，君权与神权的关系，并提出了"天人感应""大一统"的学说。根据《春秋》大一统的理论，主张只要不是六艺之科、孔子之学的，都不要让其发展。董仲舒的"推明孔氏，抑黜百家"的主张被武帝采纳。董仲舒还以儒家宗法思想为核心，加入阴阳五行说，提出君权神授和三纲五常的理论，用纲常名教来维护封建统治。董仲舒的这些儒学思想逐渐成为封建社会的正统思想，影响中国长达两千多年。

董仲舒得到武帝的重用，还向武帝提出了几条建议。董仲舒日常特别重"礼"，其行为严格遵照"礼"的规范。所以，董仲舒建议武帝规定朝廷礼制，以规范官僚贵族的言行。

董仲舒建议武帝办学校，在中央设立太学，从地方选拔人才进行培养教育，这项建议为知识分子进入仕途开辟了道路，形成了中国特有的文官制度。

为了打击豪强势力，景帝时曾利用酷吏进行整治。武帝亦好刑名法术，重用酷吏，董仲舒认为用严刑峻法来加强统治，会加剧社会矛盾，建议武帝应该吸取秦亡教训，提倡德治以缓和社会矛盾，打击豪强势力，限制豪强兼并土地，缓和地主阶级和农民阶级的矛盾。

汉武帝对董仲舒的建议非常重视，在公孙弘等大臣的规划下，董仲舒的建议都得到了落实。董仲舒的学术和思想融合了道家、法家、阴阳家和各种不同学派的思想，适应了统治阶级的政治需求。这就是汉武帝推行的著名的"罢黜百家，独尊儒术"。

汉武大帝开创盛世

汉武帝刘彻掌握实权后，在思想上"罢黜百家，独尊儒术"，重用儒生。为了强化中央集权，汉武帝又采取了一系列政策，开创了汉朝最鼎盛的时代，使汉朝成为当时世界上最强大的国家。

为了进一步削弱地方势力，采纳主父偃提出的推恩令，将封国分封给诸侯王的子孙，这样封国越分越小，再无实力与中央对抗。汉武帝还以各种借口剥夺诸侯国的爵位，有一次就削去一半的侯国。武帝太初年间，汉初被封侯的一百四十多人只剩下五人。汉武帝还设立刺史制度，监察地方。这时，地方对中央已基本构不成威胁。

解决了内部问题，武帝开始将注意力转移到外部的匈奴和百越等问题上。高祖白登被围之后，汉朝一直采取与匈奴和亲政策，以恢复发展经济为主，避免与匈奴发生大规模的战争。经过几朝的发展与积累，汉朝经济出现了繁荣的景象。武帝为了彻底解决匈奴对北方的威胁，先后派卫青、霍去病对匈奴发动了三次大规模的战争，收回河套地区，夺取河西走廊，把汉朝北部疆域扩展至阴山甚至更远的地方。在打击匈奴的同时，在南方平定闽越的动乱。

武帝采用军事手段的同时也推行和平手段收服西域诸国。击退匈奴后，打通了西域之路，派张骞出使西域，由此开辟了影响深远的丝绸之路。汉朝与西域甚至欧洲的经济文化交流出现了新局面，使者与商人往来不绝于道。中国的丝绸、铁器等传到波斯、印度等地，西域使节也带来了大宛的葡萄、苜蓿、胡萝卜等。

武帝在政治、军事、外交都取得重要成就的同时，也没放弃财政大权。为了将财政经济大权掌握在朝廷手中，武帝采取了一系列措施。

首先，统一币制，将铸币权收归中央。汉初，诸侯王和富商巨贾都可私自铸钱，文帝的男宠邓通所铸之钱流通于全国。为了禁止地方铸钱牟取暴利，武帝杀了几十万私自铸钱者，将钱币统一为五铢钱。

其次，武帝实行盐铁专卖政策。汉朝最赚钱的三大行业为冶铁、煮盐和铸钱。汉初，这三项都允许民间私营。汉武帝开疆拓土、对外战争需要大量钱财的支持，但是地方商人不愿白白捐出自己已谋得的私利。武帝采纳桑弘羊的盐铁官营建议，朝廷的收入由此大增。

再次，武帝时期，还向商人征收算缗钱，就是商人缴纳的税钱。对于不愿缴纳算缗钱的，又鼓励"告缗"，对敢于不如实缴纳税钱的商人则没收其财产。

最后，汉武帝还在全国推行均输平准政策，即对运输和贸易也实行官营。

通过一系列的举措，武帝开创了汉朝的盛世。

主父偃献策推恩令

汉朝建立以来，地方割据势力一直是中央潜在的威胁，景帝时还爆发了七国之乱，虽然后来采取了一系列的措施，但只是限制和削弱了地方势力，并未从根本上解决诸侯国对中央的威胁。

武帝时为了巩固中央集权统治，决定打击诸侯王势力，解决封国对中央的威胁，采纳了主父偃的推恩令建议。

主父偃，出身贫寒，在齐地受到儒生排挤，到燕、赵、中山等诸侯国也未受到重用，后来到长安，直接上书汉武帝，被召见，任命为郎中。不久，又升为谒者、中郎、大夫，得到武帝的重用。

英年早逝的政治天才贾谊在文帝时就曾指出地方诸侯的势力问题，主父偃正是在贾谊思想的基础上，进一步提出了削弱诸侯势力的政策。主父偃给武帝上书：古时诸侯的封国不过百里，不论强弱都很容易控制。今诸侯有的连城数十座，地方千里，对他们宽松，就会骄纵不法，对他们严苛，就会联合起来对抗京师。强制削弱他们的势力，就会引起他们的反叛，之前晁错削藩就是。现在诸侯有子弟或十几个，只有嫡长子才能承袭封国，其他的子弟虽然也是诸侯王的骨肉之亲，却得不到任何封地，这样仁孝之道就得不到体现。希望陛下下诏，推广恩泽，以封国土地分封诸侯王子弟。这样分到封地的子弟人人都很高兴，皇上看起来是施行德惠，实际上是分削他们的封国，这样，就削弱了诸侯王的势力。

主父偃的这个建议可以避免引起诸侯王的叛乱，又能达到削弱地方势力的目的，因此，被武帝采纳了。武帝颁布推恩令：诸侯王有想要推行恩惠，分封城邑给子嗣的，让他们各自上报，由皇帝决定他们的封号。诸侯王的子弟大都得以受封为列侯，有的封国甚至被分成十几个小侯国，其地盘和势力都明显减小，显然无法与中央抗衡了。这样，就不动声色地解决了困扰汉朝几十年的地方割据问题。

马邑之谋反击匈奴

经济的恢复和发展给了统治者敢于宣战的底气，武帝继位后，一方面继续推行与匈奴的和亲政策，一方面开始积极准备反击匈奴。

公元前133年，武帝召集群臣商议反击匈奴之事。群臣皆认为不可对匈奴用兵，只有王恢支持出兵，认为汉朝已经国富民强，不能再如此软弱，受制于匈奴，是时候发动反击了。

武帝早就想对匈奴用武了，于是决定对匈奴发动反击。武帝准备在马邑伏击匈奴，命护军将军韩安国、轻车将军公孙贺和材官将军李息率领三十万大军埋伏在马邑，令将屯将军王恢和骁骑将军李广从后面攻击匈奴。布置伏兵的同时派商人聂壹去匈奴夸耀自己有"奇货"。单于知道后找到聂壹询问，聂壹说要将马邑"卖"给匈奴。聂壹说他手下有几百人能杀了马邑县令，马邑城百姓就会投降匈奴，城中财物就能归匈奴所有，但是需要单于率领大军前来支援，以防汉军阻止。

单于亲率十万大军南下，并先派使者跟随聂壹进入马邑，聂壹与县令斩杀了几名死囚，将首级挂在城墙。使者向单于报告了情况后，单于率军向马邑而来，途中看到牲畜却无人看管，单于有所怀疑。匈奴攻打一处边防，俘获了雁门尉史，尉史在审问中说出了马邑之谋，单于认为是上天保佑他没被伏击，便封尉史为天王，然后率领大军返回。

按照计划，韩安国、公孙贺和李息在伏击匈奴后，王恢要从后方攻击匈奴。由于计划泄露，匈奴撤回，伏击未成，王恢认为自己三万大军无法抵抗匈奴十万大军，于是，就驻守原地，没有追击匈奴。

武帝知道后，十分震怒，要杀了王恢。王恢贿赂武帝的舅舅丞相田蚡，希望可以免去死罪。武帝收到皇太后的求情并未给予免罪，而是坚持认为，计划是王恢提出的，如果不斩王恢，无法向大臣交代。王恢知道死罪难逃，便在狱中自杀谢罪。

马邑之谋以后，匈奴不再与汉朝和亲，并常常出兵袭击汉朝边境，掠夺财物。这次伏击虽然失败了，但也结束了汉初以来的带有屈辱性质的和亲政策，正式拉开了反击匈奴之战的序幕。

飞将李广威震匈奴

马邑之谋后,汉匈之间的"和平模式"被打破,和亲政策不再执行,匈奴为了报复马邑之围,不断在边境进行侵扰。为了彻底解决边患问题,汉武帝开始对匈奴发动大规模的战争。在抗击匈奴的战争中,涌现出了不少杰出的将领,如"但使龙城飞将在,不教胡马度阴山"的"飞将军"李广。

李广出身将门,先祖李信为秦国大将,其世代传习射箭。文帝时,李广便经常参与抗击匈奴的战争。景帝时,跟随周亚夫参加七国之乱的平叛。后来被调往西北边境,担任太守。

公元前141年,武帝即位,升李广为未央卫尉,即禁卫军长官。公元前130年,李广率军经过雁门关时,被匈奴军围困。由于双方力量悬殊较大,单于准备活捉李广。经过一番激战,李广终因寡不敌众,受伤被擒。在匈奴押解的路上,李广飞身夺取匈奴战马,射死很多匈奴士兵,回到汉军营地。从此以后,匈奴便称李广为"飞将军"。武帝却因李广兵败被俘,将他削职为民。后来,韩安国被匈奴军打败,由于战事吃紧,武帝再次起用李广。匈奴听说"飞将军"前来,立即撤兵,此后几年不敢侵扰。

李广戍边期间,匈奴不敢来犯,没有什么大的战事,就经常带着随从出去打猎。一天傍晚,李广看见草丛中有一只猛虎,赶紧搭弓射箭,射中之后,前去查看,没想到刚才错把一块大石头当成猛虎了,而箭头已深深射入了石头中,随从看到后也都惊叹不已。匈奴听闻"飞将军"箭术高超,能射穿石头,更不敢前来进犯。

公元前119年,大将军卫青率军攻打匈奴,已是花甲之年的李广仍跟随出征。武帝和卫青认为李广已老,就拒绝了李广当先锋的请求,派他从侧翼攻击匈奴。李广在行军途中,由于向导意外失踪,汉军迷失了方向,延误了到达时间,误了战期。李广为了不连累部下独自承担责任,且认为自己抗击匈奴经历过大大小小的战争七十多场，现在出现这样的问题再也无颜面对朝中官员，然后选择自杀。李广的将士们全都泪流不止，十分哀痛。

李广虽然勇武，箭术超绝，令匈奴闻之丧胆。但是文景之世以休养生息为主，尽量避免与匈奴大规模的交战，武帝开始反击匈奴时，李广年岁已大。故王勃说"冯唐易老，李广难封"，李广虽有"飞将军"之威名，并无卫青、霍去病之成就。

大将卫青决战匈奴

卫青出身贫寒，其母卫媪为平阳侯家中婢女。武帝第二任皇后卫子夫即是他的姐姐，后来官至大司马大将军，被封为长平侯。

卫青初在平阳公主家做骑奴，公元前139年，武帝去霸上扫墓经过平阳府看中了卫青的姐姐卫子夫，卫子夫入官后受到武帝宠爱，皇后陈阿娇因妒生恨，派人抓了卫青，准备将其杀害，公孙敖率人将卫青救了出来。卫青却因祸得福，武帝闻知此事大怒，不久封卫子夫为夫人，卫青被提拔为大中大夫。

擅长骑马射箭的卫青经常陪同武帝打猎，深得武帝赏识，公元前130年，武帝任命卫青为车骑将军，率军出击匈奴，卫青从上谷郡攻击匈奴，首战告捷，斩杀匈奴数百人，卫青因此被封为关内侯。

公元前128年，卫青率三万骑兵出雁门，反击匈奴，斩首匈奴数千人。第二年，卫青率军又斩获匈奴数千人，牲畜数十万，迫使匈奴白羊王和楼烦王退走。武帝以食邑三千八百户封卫青为长平侯。

公元前124年，卫青率军急行六百里，突袭右贤王大军。是时，右贤王以为汉军尚远，当晚正与爱妾帐中饮酒，不料帐外杀声四起，右贤王携爱妾突围逃走。这次突袭俘获了右贤裨王十余人，男女老少共一万五千多人，大量的牲畜。卫青大胜而还，回至边关，武帝派使者在军中传诏封卫青为大将军。此后，卫青数次率军出击匈奴，歼灭匈奴数万人。

公元前119年，为了彻底消灭匈奴，武帝决定再次出击匈奴。武帝命卫青、霍去病各率精骑五万分两路远征漠北。卫青率军北行千里，穿过沙漠，遭遇匈奴主力部队。卫青命令将士用武刚车排成环形的坚固阵地，将精锐部队埋伏于阵中。然后派五千骑兵抵抗匈奴，双方激战至傍晚，因风沙大起，且外围将士已非常疲惫，卫青命阵中主力冲出，从两侧包抄匈奴军，单于看到汉军众多，知道中计，冲开包围向西北逃去。卫青率军追赶至窴颜山赵信城，未追到单于，但却获得匈奴储存在赵信城的粮草。这次远征俘获和消灭了匈奴一万九千多人，重创匈奴，击溃了匈奴在漠南的主力，使匈奴的实力大为削弱，这是反击匈奴以来取得的最大胜利。

武帝为了表彰卫青，加封其为大司马，让其掌管全国的军队。卫青善于用兵，治军严明，且对将士宽容爱护，深得将士拥护。在反击匈奴的战争中，军功卓著，武帝对其赏赐甚丰，据《史记》记载，卫青所得封邑共有一万六千七百户。

霍去病骁勇获封侯

霍去病是大将卫青的外甥，其母是平阳府的女奴，也就是卫青的二姐。卫青的三姐卫子夫入宫获宠后，卫家也跟着发达起来。霍去病勇猛善骑射，被卫青选中为武士，由于武艺出众，十七岁便被武帝任命为嫖姚校尉，跟随卫青出击匈奴。

霍去病用兵灵活，不拘泥于古法，武帝曾让他学习孙吴兵法，霍去病认为作战应该讲究战略，随机应变，不必学习古代兵法。

公元前124年，霍去病跟随卫青出击匈奴，以八百骑兵远离大军，直入匈奴军，斩首匈奴两千多人，且杀了匈奴单于的祖父以及相国等十多位重要人物，活捉单于的叔父罗姑比。霍去病出征首战告捷，获得武帝赏识，被封为冠军侯，食邑一千六百户。

公元前121年，霍去病被任命为骠骑将军，率领一万骑兵出击匈奴。通过集中优势兵力的办法，避开浑邪王、休屠王的部队，接连攻破河西五个部落。同年夏，霍去病再次出击匈奴，采用合兵击敌、分兵追击的战术，斩杀匈奴士兵三万多人，俘获匈奴王、阏氏、王子、相国、将军等一百余人。单于以浑邪、休屠战败为由要将二人问斩，于是二人率部归降。在归降路上，休屠王反悔，被浑邪王刺杀。霍去病在迎降路上闻知此事，率军直入浑邪王帐中，生擒浑邪王，斩杀作乱将士，稳定了局势，浑邪王率众归降。

从此，汉朝控制了河西地区，并在浑邪王、休屠王原驻地分别设置张掖、武威二郡，与酒泉、敦煌二郡并称为"河西四郡"，这就为开辟西域奠定了基础。此战对匈奴打击非常大，以至于匈奴地区流传着"失我祁连山，使我六畜不蕃息；失我焉支山，使我嫁妇无颜色"这种歌谣。

公元前119年，霍去病和卫青分别率领五万骑兵远征漠北，追击匈奴主力。霍去病与匈奴左贤王部队经过激战，杀敌七万多，俘获匈奴屯头王、韩王等，并将匈奴追杀至狼居胥山，在狼居胥山举行祭天大礼。经过此次战争，匈奴远遁漠北。

公元前117年，霍去病在长安病逝，时年仅二十四岁。武帝为其举行了隆重的葬礼，谥封"景桓侯"。霍去病虽英年早逝，但其在军事上所取得的成就甚至超过卫青，短暂的一生中共参加四次反击匈奴的战争，杀敌约十一万，为汉朝反击匈奴、开辟边疆立下了汗马功劳。

班固在《汉书》中将其功劳凝练为"饮马翰海，封狼居山，西规大河，列郡祁连"几个词，也是他一生荣耀的总结。

张骞负命出使月氏

汉武帝即位初期，从归降的匈奴人口中得知在敦煌、祁连山地区有一个游牧民族建立的国家叫月氏。月氏曾被匈奴击败，被迫西迁。匈奴大败月氏的时候，曾用月氏王的首级做成的酒器来饮酒，因此，月氏十分痛恨匈奴，但其势单力薄，苦于无人联合对抗匈奴。武帝为了反击匈奴，便想与月氏联合，夹攻匈奴，"断匈右臂"。

张骞性格刚毅，为人宽容诚信。虽然只是武帝时的一名普通郎官，却胸怀大志，因此，武帝招募出使月氏的使者时，张骞积极应募。

公元前139年，张骞持节率领一百多人，以匈奴人堂邑父为向导，从长安出发向西而行。河西走廊是通往西域的必经之地，这里被匈奴控制，经常有匈奴骑兵出没。张骞的队伍经过河西走廊时，不幸碰到了匈奴的骑兵队，张骞一行被押送到匈奴王庭。

军臣单于听说张骞是要出使月氏，便对张骞说："月氏在吾北，汉何以得往使？吾欲使越，汉肯听我乎？"就是说，匈奴不会让汉使到达月氏的，就像匈奴想要通过汉，去联合越国一样，汉朝也不会让匈奴通过的。军臣单于为了拉拢张骞，使其放弃出使月氏，给张骞娶了匈奴妻子，并且生了孩子。张骞被扣留在匈奴十年之久，"然骞持汉节不失"。

公元前129年，匈奴对张骞的监视和控制有所松弛，他趁机带领随从逃出了匈奴人的控制区域。这时，月氏被乌孙攻击，再次西迁。张骞没有向西北的月氏进发，而是折向西南，经过重重困难，到达大宛。

大宛早就听闻汉朝的富庶，也想与汉朝通使，张骞的到来，使大宛国王十分高兴。张骞又对其诱之以利，大宛国王很是动心，便答应派人护送张骞到康居。张骞到达康居后，在康居王的帮助下，终于到达了月氏。

月氏称臣大夏，土地肥饶，很少受到侵扰，生活安乐，又以离汉较远，已无报仇之志。张骞在月氏逗留了一年多，也未能说服月氏与汉联合对抗匈奴。

公元前128年，张骞准备返回长安，为了避开匈奴，张骞改变了来时的路线，没想到经过羌人居住的地区时再次被匈奴骑兵俘获，在匈奴又被羁押了一年多。

公元前126年，匈奴因争夺王位发生内乱，张骞趁机和堂邑父逃回长安。武帝对张骞这次出使西域带回的信息非常满意，封张骞为太中大夫。

张骞这次西行历经艰难险阻，险些丧命，且被匈奴扣押了十余年，虽然出使月氏的目的未能达成，但是了解了西域地区国家的情况，加强了汉朝同西域地区的联系。

出使西域开通丝路

张骞回国后，汉朝国富民强，已经对匈奴展开了数次战争。张骞在西域十余年，熟悉西域各国的情况。公元前124年，武帝任命张骞为校尉，跟随卫青征讨匈奴。张骞熟悉匈奴地形，对军队起到了重要的向导作用，张骞也因功被封为博望侯。

公元前119年，汉朝远征匈奴，迫使匈奴退居漠北。匈奴在失去河西走廊后，便依靠西域各国与汉朝对抗。为了截断匈奴的"后援"，武帝派张骞再次出使西域，游说西域各国与汉联合。张骞建议汉朝与乌孙联姻，将公主嫁给乌孙国王，取得乌孙的支持和帮助。

公元前119年，武帝任命张骞为中郎将，让他带领三百多人，带着大量的金银丝帛以及牛羊等礼品再次持节出使西域。张骞到达乌孙时，乌孙王昆莫以拜见单于的礼节拜见张骞，张骞知道他们贪财，就说："天子致赐，王不拜则还赐。"于是，昆莫起来拜谢汉天子所赐之礼。但此时乌孙国王年老，国家内乱，一方面远离汉朝，不知汉朝的真实情况，另一方面，乌孙臣服匈奴已久，大臣害怕匈奴。一时间，难以决定是否与汉联合。

与此同时，张骞派副使带着礼品分别拜访了大宛、康居、大月氏、于阗、大夏等国。

乌孙对张骞描述的汉朝富庶景象不甚相信，派人跟随张骞到汉朝打探情况。乌孙使者看到汉朝真如张骞所说，疆域辽阔，人口众多，国富民强，回去报告给乌孙国王。乌孙国王才决定与汉朝建立关系。此后，张骞派使者拜访的各个国家都有使者与汉朝相互往来。

张骞回到长安后，被武帝拜为大行，位列九卿。回到长安一年多，张骞便去世了。

张骞两次出使西域，打通了汉朝和西域各国的商旅通道，促进了汉朝和西域的经济文化交流，出现了"商胡贩客，日款于塞下"的景象。这条商路就是著名的丝绸之路，通过丝绸之路，西域的汗血宝马、胡萝卜、石榴、苜蓿、核桃、胡豆、葡萄等传入汉朝，汉朝的铸铁、丝绸、金属等也传到西域。

张骞作为中国历史上第一个走出国门的使者，被誉为丝绸之路的开拓者，司马迁对张骞出使西域称之为"凿空"，梁启超称赞张骞为"世界史开幕第一人"。

细君公主乌孙联姻

张骞第一次出使西域回到长安后，曾建议武帝派公主与乌孙联姻。张骞第二次出使西域后，乌孙对于联姻犹豫不决。直到公元前105年，乌孙才派使者来长安，以千匹良马作为聘礼，向汉朝请求联姻。

汉朝自与匈奴和亲以来，和亲公主都是出自宗室。武帝当然也不会舍得自己的女儿远嫁联姻，最后选择了罪臣江都王刘建之女刘细君。刘细君的父亲因谋反未成被迫自杀，刘细君因年龄尚小而幸免于难，随母亲被弃市，成为罪臣之女。

武帝钦命刘细君为公主，赏赐了丰厚的嫁妆，派遣属官、宦官和侍者数百人随嫁。为了缓解细君公主远嫁后的思乡之情，武帝还命人给细君公主做了一件乐器"阮"。

细君公主到达乌孙后，成为国王猎骄靡的右夫人，但地位在匈奴公主左夫人之下。由于语言不通，生活习惯不同，且乌孙国王年纪较大，与细君公主没有任何感情，细君公主一年也只见乌孙国王几次，因此，细君公主非常思念家乡的亲人。细君公主将思念化作文字以表达在异域他乡生活的悲苦，其《悲愁歌》内容哀婉：

> 吾家嫁我兮天一方，
> 远托异国兮乌孙王。
> 穹庐为室兮旃为墙，
> 以肉为食兮酪为浆。
> 居常土思兮心内伤，
> 愿为黄鹄兮归故乡。

汉武帝知道细君公主的处境后，也十分怜惜，为了安慰细君公主，武帝每隔一年便派使者给细君公主送去锦绣、帷帐等物品。

后来，乌孙国王也感到自己与细君公主年龄差距太大，就想让自己的孙子军须靡娶细君公主。按照汉朝的习俗，细君公主不能接受这样的安排，给武帝上书报告此事，武帝让细君公主遵照乌孙的风俗，嫁给军须靡。二人年龄相当，细君公主在乌孙的生活稍微得到一点慰藉。

细君公主虽然只在乌孙生活了五年便去世了，但细君公主与乌孙的联姻也换来了汉朝边境的安定，为汉朝与乌孙之间的经济文化交流做出了贡献。

解忧和亲千古流芳

细君公主远嫁乌孙五年便抑郁而终，为了巩固与乌孙的联盟，武帝答应乌孙使者的求亲，决定再派公主联姻。曾参与"七国之乱"兵败身亡的楚王刘戊使其整个家族成为罪人，这时他的孙女刘解忧成为两国政治交易的合适人选。

公元前101年，刘解忧以公主身份嫁给乌孙岑陬为右夫人，地位同样在匈奴公主左夫人之下。与细君公主不同的是，解忧公主到乌孙后没有消沉，而是积极参与政事。解忧心里清楚，她远嫁乌孙的目的不是养尊处优，而是要拉拢乌孙一同消灭匈奴，解忧公主和匈奴公主的地位会影响到乌孙国的政治倾向。

由于语言和风俗不同，解忧公主在初到乌孙的几年里，并未受到重视，反倒匈奴公主生下儿子泥靡，成了王位继承人。汉朝在乌孙的政治希望似乎越来越渺茫了，这时却出现了转机。国王岑陬病危了，因担心儿子年幼无法掌控政局，就立下遗嘱传位给弟弟翁归靡，等泥靡长大后，再继承王位。

按照乌孙的习俗，解忧公主和匈奴公主又嫁给了翁归靡。翁归靡又称肥王，这位肥王宠爱解忧公主，二人生了三子二女。此后的数十年间，乌孙与汉朝关系密切，日渐疏远匈奴。解忧公主的子女与西域各国通婚，在解忧公主的努力下，西域各国交往频繁，贸易日盛，"丝绸之路"熙熙攘攘，西域各国争相与汉交好，汉朝的边疆出现稳定的局面。

西域各国与汉朝交好自然引起匈奴的不满，匈奴数次出兵威胁乌孙，逼迫其交出解忧公主并与汉朝断交。解忧公主上书汉宣帝请求出兵援助，当时掌握实权的大将军霍光派兵十五万，与乌孙共同抗击匈奴。匈奴未与汉军交战就向北逃去，被守在途中的乌孙军队打败。

公元前71年，匈奴再次攻打乌孙，路遇罕见大雪，人马死伤惨重，乌孙、丁零、乌桓从三面围攻匈奴，使匈奴人口损失近三分之一，各属国也趁机脱离匈奴的控制，匈奴从此一蹶不振。从武帝时期就开始的联合乌孙的计划，经过张骞、细君公主、解忧公主近半个世纪的努力，终于实现了"断匈右臂"的愿望。

就在解忧公主在乌孙威望大增的时候，翁归靡病逝了。按照岑陬的遗嘱，现在王位该归还匈奴公主的儿子泥靡了。解忧公主的儿子虽被立为王储，但与泥靡相比还年轻了些，且泥靡继位名正言顺，乌孙最终选取泥靡成为新国王。

泥靡上位自然对匈奴和汉朝的政策发生了改变。解忧公主为了维护汉朝与乌孙的关系，再次嫁给泥靡。泥靡号狂王，凶狠残暴，解忧公主虽与之生下一子，但二人不和，且狂王残暴的统治已引起乌孙上下的不满，解忧公主决定除掉狂王。

解忧公主一方面拉拢泥靡同母异父的弟弟乌就屠，一方面利用汉朝的势力。部署了刺杀狂王的计划，但刺杀失败，狂王逃走，然后带兵包围了赤谷城，汉朝发兵来救。为了安抚狂王，将参与刺杀的使臣押回长安斩首。乌就屠此时也逃出赤谷城，准备请匈奴出兵相助，乌孙大部势力归附，后来袭杀狂王，自立为王。这时，西域都护府的汉军也在边境集结，战争一触即发。

汉朝著名的女外交家冯嫽挺身而出，前去说服乌就屠。冯嫽为乌就屠分析形势，劝说道："汉朝已经发兵，到时一定会被消灭，不如现在投降。"乌就屠畏惧强大的汉朝，因此，"愿得小号"，同意和解。冯嫽成功化解了一场即将爆发的战争，解忧公主的长子成功登上王位。

后来，经历过风风雨雨已至晚年的解忧公主，在长子和幼子皆病死的情况下，上书请求回到汉朝。天子亲自出城迎接，七十岁的解忧公主在长安生活了两年后去世。

解忧公主在乌孙整整五十年，可谓殚精竭虑，为乌孙的发展做出了杰出贡献，促进了汉和乌孙的友好关系，打击了匈奴，换来了汉朝边境的安定。

冯嫽持节三使乌孙

公元前101年，冯嫽作为侍女随解忧公主远嫁乌孙。冯嫽聪慧善辞令，且多才多智，很快成为解忧公主的得力助手。冯嫽到乌孙只用几年的时间，便学会了西域的语言文字，熟悉了当地的风俗习惯。乌孙右大将爱慕冯嫽的才智，娶其为妻。

为了乌孙能和汉朝结成对抗匈奴的联盟，冯嫽经常深入到牧区。不久，冯嫽受命以使节身份代表解忧公主出访西域各国。冯嫽与西域各国君交谈落落大方，不用翻译，了解各国的风土人情的同时也宣扬汉朝的文化。冯嫽的表现得到西域各国的钦佩，尊称她为冯夫人。

经过解忧公主数十年的不懈努力，乌孙发展迅速，与汉朝关系友好。但狂王即位后，倒行逆施，亲匈远汉，解忧公主谋划刺杀狂王失败后，政局紧张，战争一触即发。

不忍解忧公主数十年的心血付诸东流，冯嫽不顾生命危险只身前往北山游说乌就屠。冯嫽的丈夫乌孙右大将与乌就屠关系甚好，冯嫽与乌就屠也很熟识，就对乌就屠说："汉军已屯兵敦煌，如果与强大的汉军交战，被消灭是必然的事情，不如投降汉军。"在冯嫽入情入理地劝说下，乌就屠决定放弃王位。

冯嫽凭借自己的胆识和魄力成功化解了一场战争，宣帝得知便诏冯嫽回到长安询问情况。然后正式封冯嫽为持节使者，派遣谒者竺次、期门甘延寿为副使，再次出使乌孙。

公元前51年，解忧公主年老思乡，上书请求回国，冯嫽陪同解忧公主一同回到长安。由于冯嫽在西域的突出成就，宣帝对冯嫽也给予优厚的待遇。

解忧公主的孙子星靡继位后，由于性格软弱，乌孙政局再次动荡。解忧公主已经过世，冯嫽放心不下乌孙，上书汉元帝请求出使乌孙。汉元帝派人护送冯嫽第三次出使乌孙。冯嫽凭借自己的才干和在乌孙的威望，帮助星靡治理乌孙，使乌孙稳定下来。

冯嫽作为中国历史上第一位女外交家，在维护汉朝与西域各国的友好关系中做出了重要贡献。

贰师将军远征大宛

张骞通西域之后，汉朝使者经常出使西域各国。曾有使者在大宛的贰师城看到据说是天马后代的汗血宝马。张骞第一次出使西域回来后也报告过汗血宝马的事情，当时忙于与匈奴的战争，无暇顾及此事，现在使者再次报告，武帝便决定派使者去求购。

汉朝使者到达大宛后，却遭到大宛国王的拒绝，还派人在归途中杀了汉朝使者。武帝自然不能忍受这样的羞辱，决定发兵征伐大宛。大宛这样一个西域小国，根本不是汉朝的对手。为了弥补已过世的宠姬李夫人，武帝把这次立功机会给了李夫人的哥哥李广利。

公元前104年，李广利被封为将军，号称贰师将军，率领六千骑兵和数万步兵浩浩荡荡地踏上西征的路途。由于路途遥远，沿途环境恶劣，粮草匮乏，只能靠攻打沿途小国获得补给。到达大宛郁城时，汉军只剩下几千疲惫不堪的士兵。几次攻城不下，汉军伤亡惨重，只得退回敦煌。

李广利上书武帝请求补充兵力再去征伐大宛，武帝震怒，下令不准李广利踏进玉门关。武帝认为，不攻下大宛，汉朝的使者以后在西域各国将会受到藐视。为了打击大宛，武帝下令赦免各地囚徒以补充李广利的军队，并为部队补充食物和精良兵器，调集大军驻扎在张掖和酒泉，征调百姓运送粮草等。

公元前101年，武帝命令李广利再次攻打大宛。大军西进途中，沿途小国纷纷出城相迎，提供补给。只有轮台国拒不出城，为了震慑其他国家，李广利一举灭了轮台国。汉军血洗轮台的消息传到了其他国家，之后未再遇到抵抗，一路顺畅到达大宛境内。大军包围了大宛城，大宛认为紧闭城门就可像上次那样逼退汉军，李广利命人切断了大宛城的水源。这样城内没有水源的大宛城很快就恐慌起来，为了活命，一些贵族商议之后，决定杀了大宛国王，向汉军进献汗血宝马。李广利认为汉军远征，人困马乏，不宜持久，且大宛邻国康居也对汉军窥视已久，既然大宛同意献出宝马，征伐的目的已达到，就同意了大宛贵族的条件，挑选了最好的宝马，以及众多的牛羊和美酒，然后订立盟约。

此次征讨大宛取得了胜利，不但使大宛臣服于汉朝，也威震了西域其他各国，保障了汉朝与西域各国的交流。

叛徒出卖李陵被擒

李陵是一位颇有争议的历史人物，出身将门，祖父为西汉名将飞将军李广。李陵善于骑射，武帝认为他有李广的大将风范，为抵御匈奴的侵扰，任命他在酒泉和张掖地区教士兵箭术。

李陵虽有才能，却屈居于妒贤嫉能、心胸狭窄的国舅李广利之下。公元前99年，李广利奉命出征匈奴，以李陵在军事上的才能，完全可以担任要职，但武帝却让他为军队运输粮草。李陵不服气，亲自向武帝请求带兵出征。武帝以没有多余的马匹为由拒绝了李陵的请求。李陵仍不死心，接着对武帝说："臣愿以少击众，率领五千步兵攻打匈奴。"武帝同意了李陵的请求，派路博德担任李陵的后援。

路博德也不甘居人之下，就给武帝上奏说："现在正值秋季，匈奴马肥兵壮，不可与之交战，等到明年春天，必能擒获单于。"武帝大怒，以为李陵不想出战，就让路博德率军前往河西攻打匈奴，让李陵巡查匈奴情况。

李陵率领五千步兵从居延出发，北行三十日，到达浚稽山安营扎寨，命人绘制所经过的山川地形图，派部下陈步乐送回京师。武帝召见陈步乐，得知李陵率领将士拼死杀敌，甚是高兴，拜陈步乐为郎官。

在浚稽山，李陵与单于相遇，被匈奴三万骑兵包围。李陵率军在两山之间以大车为营，进行防御。李陵率领士兵到营外与匈奴作战，命令前排士兵持长戟和盾牌进行掩护，弓箭手埋伏于后，下令说："闻鼓声而纵，闻金声而止。"匈奴见汉军兵力较少，就直接冲到营前，李陵先是率前排士兵与匈奴交战，然后令弓箭手千弩齐发，匈奴兵死伤无数。匈奴退回山上，汉军追击，杀敌数千。

单于大惊，立刻召集八万骑兵来围攻李陵。李陵边战边退，几天后，退到一个山谷中，由于连续作战，士卒多受伤，为了鼓舞士气，李陵将藏匿于军中的将士之妻杀掉。第二天作战，果然士气大增，斩首三千余。李陵率领士兵退至南山，与单于之子在山间交战，又杀敌数千人。单于认为李陵是在引诱他们南下，进入汉军的埋伏，打算放弃攻打李陵军。然而军中不少将领反对，认为以数万骑兵攻打不下几千人的步兵，会让汉朝更加轻视匈奴。

李陵军处境更加艰难，但士气还未受挫，不断打击匈奴，正当匈奴准备撤退的时候，李陵军中一个叫管敢的军侯被校尉羞辱，叛投了匈奴，将军中实情告诉了匈奴。单于大喜，率领骑兵攻打汉军，李陵拼死抵抗，最后五十万支箭用尽，李陵率三千多士兵丢下战车、粮草，被迫退至山谷中。匈奴从山上推下巨石砸向汉军，士兵死伤惨重，最后韩延年战死，李陵被俘。

李陵战败之处距离边塞只有一百多里，边塞将情况报告给武帝，武帝召集群臣，群臣皆怪罪李陵投降匈奴，只有司马迁为之辩护，却触怒了武帝遭受宫刑。李陵在匈奴一年多后，武帝后悔没有派兵支援李陵，就派公孙敖去匈奴迎接李陵。公孙敖无功而返，却说李陵投降匈奴且为匈奴练兵以攻打汉军，武帝大怒，下令将李陵家灭族。

李陵在匈奴生活了二十多年，最后病死，但终其一生，未参与匈奴与汉军之间的战争。

李陵不愧是将门之后，有勇有谋，以五千步兵对抗匈奴八万骑兵，坚持十多天，即将退回到边塞，不幸被叛徒出卖。但作为武将，不管何种原因，最终降敌，终是为人所诟病。

司马迁受命承父志

司马迁，字子长，西汉著名的史学家，出身于史官世家，大致生活在武帝时代。父亲司马谈是武帝初年的太史令，负责掌管天文历法、祭祀礼仪，保管文献典籍等。

司马迁受父亲影响，十岁诵读古文，二十岁开始到各地游历，足迹遍布大江南北，据《汉书》记载："南游江、淮，上会稽，探禹穴，窥九疑，浮沅、湘。北涉汶、泗，讲业齐鲁之都，观夫子遗风，乡射邹峄；厄困蕃、薛、彭城，过梁、楚以归。"

司马迁回到长安后，入朝为郎官，成为武帝的侍从。跟随武帝到各处游览和巡视，了解了各地的风俗人情，增加了阅历。

公元前110年，武帝在泰山举行封禅大典，作为太史令的司马谈因病留在周南，未能参加封禅大典，十分郁闷，不久病逝。临终前，将一生的夙愿托付给司马迁，哭着说："我们祖上就是周室之太史，远在上古就功名显赫。后世中衰，难道要断送在我这里吗？你要做太史令，这样就可以延续我们祖上的事业了。如今天子承继一统大业，封禅泰山，而我不得从行，这是命中注定的啊！我死以后，你一定要做太史令，完成我打算编写的论著。孔子论《诗》《书》，作《春秋》，学者至今遵从孔子的笔法。汉兴以来，海内一统,君主贤明,忠臣义士,我作为史官而不加评论记载,中断了历史的记载,我甚是不安,你一定记着啊!"司马迁俯首流涕说:"我虽然不才,一定会把您搜集的资料整理成书,不敢有丝毫的缺漏。"

司马谈死后三年,司马迁升为太史令,整理"石室金匮"所藏文献资料。公元前104年,司马迁主持"太初历"的改制工作,之后,便准备正式开始《史记》的编写创作。

太史公著《史记》

公元前99年,李陵率五千步兵出征匈奴,因寡不敌众,兵败被俘。司马迁认为李陵之所以没有自杀,应该是为了找机会报效国家。武帝认为司马迁是为李陵开脱,故而降罪于司马迁,对其处以官刑。按照当时的法律,交钱可以免受刑罚,但司马迁没有那么多钱上交,只好受刑。

遭受官刑是一种极大的耻辱,司马迁被囚于牢房,曾想一死了之,但想到还有父亲的遗愿未完成。经过深思认为:《诗》《书》隐约辞意,是作者要表达他们内心的志向。之前西伯被拘羑里,推演出《周易》;孔子被困于陈、蔡,作《春秋》;屈原被放逐,著《离骚》;左右失明,才有《国语》传世;孙子膑脚,乃论兵法;吕不韦迁蜀,世传《吕览》;韩非囚秦,著《说难》《孤愤》;《诗经》三百篇,大抵是古圣先贤发愤之所著。这些人大都是意气有所郁结,无处发泄,故而追述往事,思量将来。于是,司马迁忍辱发愤,完成未竟之事业。

公元前96年,武帝大赦天下,司马迁出狱,担任中书令,经历过痛苦的司马迁已能够宠辱不惊,只潜心于史书的写作。公元前91年,司马迁终于完成了我国第一部纪传体通史——《史记》。

《史记》记载了从传说的黄帝到武帝元狩元年共三千多年的历史,全书共一百三十卷,分为八书、十表、十二本纪、三十世家、七十列传,共五十多万字。司马迁以"究天人之际,通古今之变,成一家之言"为原则,囊括了天文、政治、经济、典章制度等,可谓包罗万象,又融会贯通。《史记》首创以人物为中心来反映历史的体例,成为后世修史的传统。

《史记》在对同一件事或同一人物的记述上,不同篇章有看似矛盾的观点,实则是司马迁"其文直,其事核,不虚美,不隐恶"的实录笔法。

《史记》不但是一部优秀的史学著作,还具有重要的文学价值,被鲁迅称为:"史家之绝唱,无韵之《离骚》。"

苏武出使被扣匈奴

武帝时期,由于经济实力大增,不再受制于匈奴,经过几次大规模反击匈奴的战争,匈奴大败,已无力再像以前那样肆无忌惮地侵扰汉朝边境。尤其是公元前101年,武帝派重兵击败大宛之后,匈奴对汉朝更加忌惮。双方时常互派使者窥探对方情况,匈奴常常扣留汉朝使者,汉朝亦将匈奴使者扣留,汉匈关系时好时坏。

公元前100年,鞮侯单于继位,担心汉朝袭击,故对汉朝示好,对武帝表示尊重自称晚辈,并将扣留的汉朝使者送还汉朝。武帝大喜,决定派中郎将苏武出使匈奴,并将扣留的匈奴使者护送回匈奴。

苏武，字子卿，杜陵人，名将苏建之子。苏武奉命持节和副中郎将张胜以及士兵等一百多人带着许多财物出使匈奴。苏武到达匈奴，将汉朝的礼物献给单于准备返回时，匈奴内部发生政变牵涉到汉朝使者。

之前被扣留的汉朝使者中有一个已投降匈奴的人叫卫律，他的手下虞常与匈奴贵族计划劫持单于的母亲回汉朝。虞常与张胜相识，在苏武到达匈奴后，便私下对张胜说出了自己的计划。趁单于外出打猎之际，虞常准备行动，不料遭人出卖，虞常被擒。张胜担心自己会被牵连，将事情告诉了苏武，苏武听后说："事已至此，必然会连累到我们。"为了不使国家受辱，苏武决定自杀，被张胜、常惠等人阻止了。

在审讯中，虞常果然供出了张胜。单于大怒，想要杀了汉朝使者，有大臣建议不如让他们投降。单于派卫律来招降苏武，苏武对常惠说："屈节辱命，即使活下来，有何脸面回到汉朝！"说完拔剑自刎。卫律大惊，赶紧请医生救治。苏武气绝半日，方才苏醒。单于被苏武的气节感动，早晚派人问候苏武，愈加想要招降苏武，但苏武不为所动。

宁死不降北海牧羊

苏武受虞常策划政变的连累被扣留在匈奴，匈奴想将其招降，苏武宁死不屈。为了迫使苏武投降，卫律在苏武和张胜面前杀了虞常，接着准备杀了张胜，没想到面对死亡，张胜变得毫无气节，连忙下跪乞求，苏武却毫无惧色，面对卫律刺下来的剑依然正襟危坐。

卫律见威胁对苏武不起作用，便以富贵利禄相诱惑，对苏武说："我投降匈奴后，得到单于恩赐，被封王，拥有数万人马，牛马无数，相当富贵。您若是归降了匈奴，也会像我一样富贵加身。不降，死身荒野，谁能知道呢！"苏武没有应答，卫律接着说："你如果投降了，我们就结为兄弟，你不听我言，今后再想见到我，也不可能了。"苏武大骂卫律："你为人臣子，不顾恩义，叛主背亲，我为何要见你？"

卫律见威逼利诱对苏武都不起作用，只好报告给单于。单于得知后，反而更想招降苏武这样有气节的忠臣，就命人将苏武囚禁在地窖里，不给饮食。苏武在地窖里以雪解渴，以毡充饥，几天下来，竟然没有饿死。匈奴认为苏武很神奇，就让苏武到北海无人之处去放公羊，并且要求只有公羊产奶，才准许他回国。同时，匈奴将苏武的部属常惠等分别安置在不同的地方。

苏武到达北海后，没有食物供给，只能靠挖掘野鼠储藏的草籽、干果等充饥。苏武持汉节牧羊，每日节不离手，以致节旄尽落。过了五六年，单于的弟弟於靬王来北海打猎，因苏武会结网、纺丝绳等，於靬王与之交好，经常送给苏武一些衣食用品等。后来，於靬王病死后，其部落迁徙到远方，牛羊又被盗走，苏武又陷入困境。

李陵与苏武在汉朝时同为侍中，苏武出使匈奴的第二年，李陵投降了匈奴，愧见苏武。后来单于让李陵到北海劝降苏武，李陵见到苏武后将苏武家人的情况告诉了苏武，其兄弟已自尽，母亲病故，妻子嫁人，子女情况不知如何。然后劝苏武投降，苏武仍是不愿投降，对李陵说："因皇上恩典，我们苏家父子没有什么功德，却能加官晋爵，为报效国家，我们愿肝脑涂地。臣事君，就像子事父，子为父死，希望你不要再说此事了。"李陵与苏武饮酒数日，知其不会降，喟然而叹，认为苏武是忠义之士，转身离去。

后来，单于又多次派人来劝，苏武不为所动。单于敬佩苏武的忠义气节，一直没有杀害苏武。

鸿雁传书苏武还乡

苏武就这样一直在北海放牧度日，李陵知苏武的忠义，后来到北海将武帝驾崩的消息告诉苏武，苏武闻言，南向而哭，以致呕血，数月内伤心欲绝。

公元前85年，鞮侯单于去世，新单于继位，派人向汉求和。汉朝提出释放苏武等汉使回国，但匈奴谎称苏武已死。汉朝以为苏武真的已经死了。

后来汉朝使者到匈奴，常惠贿赂匈奴看守，在夜间见到了汉朝使者。常惠将这些年苏武的遭遇都告诉了使者，并教使者对单于说，天子在上林苑射下一只大雁，大雁的腿上系有帛书，帛书上写着苏武在荒泽中。使者大喜，就按照常惠所教，责备单于，单于大惊，就对汉使说："苏武确实还在人世。"

李陵置酒祝贺苏武，对苏武说："您现在终于可以回到汉朝了，既扬名于匈奴，又显功于汉室，即使古代史书的记载，丹青所画，又怎能超过您！我虽胆怯，假使汉朝能原谅我的罪过，不杀害我的母亲，使我能实现忍辱之下的志愿，这是我时刻不能忘记的！但是已经杀了我的全家，我还有什么可顾念的？唉，让你知道我的内心想法而已，我已成为异域之人，这一别将成为永别了！"李陵遂起舞，唱道："径万里兮度沙幕，为君将兮奋匈奴。路穷绝兮矢刃摧，士众灭兮名已聩。老母已死，虽欲报恩将安归！"李陵涕泪纵横，与苏武诀别。

公元前81年春，苏武历经坎坷后在汉朝使者的帮助下终于回到了长安，当年随同苏武出使匈奴的一百多人只剩下了九人。苏武回朝后，汉昭帝让苏武去拜谒了武帝的陵墓和祠庙，然后任命苏武做了典属国，俸禄二千石，赐钱二百万，二顷公田，一处住宅。其余一同回来的使者也都分别受到了赏赐。

苏武被扣留在匈奴十九年，出发时，身强力壮，归来时，已是须发尽白。但苏武牧羊不辱使命的精神感动和鼓舞了后人，成为人们敬仰的爱国楷模，受到世人称赞。

武帝出兵平定三越

秦始皇统一六国后曾征服百越，增设四郡，秦亡后，百越地区逐渐形成了东瓯、闽越、南越三大政权中心。汉初，为了发展经济，对三越采取安抚政策，三越表面上也都臣服于汉朝。

公元前138年，七国之乱时叛逃至东瓯的刘濞之子刘驹联合闽越攻打东瓯，东瓯向汉朝求救，武帝命严助率军前去援助，但汉军尚未到达，闽越便撤兵了。东瓯因担心再次受到闽越攻击，便请求迁居到长江、淮河地区，汉朝同意了东瓯的请求。东瓯从此直接归汉朝管辖。

公元前135年，闽越攻打南越，南越亦向汉朝求援。武帝派两名将军率兵去讨伐闽越，闽越王的弟弟余善杀了闽越王投降汉朝，汉朝立余善为东越王，然后撤兵回朝。

公元前113年，武帝派汉使少季宣南越王和王太后一同入京，命终军宣读召辞，派卫尉路博德率军到桂阳迎接。南越王年幼，王太后为中原人，且与少季私通，南越多不归附王太后。王太后担心内乱，想要依附汉朝，派使者上书请求比内诸侯，撤出边关，三岁一朝。武帝同意了王太后的请求，赐丞相吕嘉银印，废除其黥、劓刑，使用汉朝法律。

南越王和王太后准备入京，丞相吕嘉年长，历事三王，握有大权，因此极力反对入朝。武帝大怒，派兵去攻入南越，准备斩首吕嘉。吕嘉闻讯先动手，立马率兵杀了南越王、王太后以及汉朝使者，并打败了汉朝派去的军队。吕嘉又另立南越王，正式起兵反叛汉朝。

武帝发兵十万，以路博德为将军兵分五路，路博德从桂阳出发，沿水路进军南越，其余四路兵马分别从不同方向向南越进发，五路大军会师于南越郊外。

公元前112年，路博德率军大举进攻，吕嘉虽拼死抵抗，最终还是不敌汉军的强大攻势，吕嘉和南越王被擒，南越至此灭亡。

汉军征讨南越时，东越王余善上书武帝，请求参与讨伐南越。余善到达揭阳后便停兵不前，同时，暗中派人联络南越。汉军打败南越后，余善认为汉军会挥师东进，讨伐东越，就自立为帝，公开叛汉。武帝派人率军攻打东越，为了自保，东越贵族杀了余善，投降汉朝。武帝认为闽越地区地形复杂，时叛时降，较难管控，就下令将当地民众迁徙到江淮地区。至此，东越灭亡。

武帝彻底平定了三越的叛乱，收复了三越。武帝平定三越后，迁徙当地民众，促进了民族融合和经济的发展。

武帝置郡经略西南

根据史书记载，西南夷地区部落小国众多，其中夜郎最大。西面的靡莫之属众多，其中滇的势力最大。从滇往北，君长也非常多，其中邛都的势力最大，这些都是巴、蜀西南以外的蛮夷。这些地区在汉代被统称为西南夷，西南夷多数部落国较小，也不富裕，对汉朝没有什么威胁，因此，汉朝与西南夷之间也没有过多的交集。

公元前135年，南越以蜀地枸酱招待番阳令唐蒙，经询问，唐蒙得知枸酱从牂柯江而来。回到长安后，从蜀郡商人处得知枸酱产自蜀郡，是当地人偷偷卖到夜郎，因夜郎紧邻牂柯江，江面宽阔，足以行船到夜郎。唐蒙听闻夜郎有精兵十万，南越王曾想让夜郎臣服于自己，未能做到。于是，唐蒙认为经过夜郎，可以出其不意地制服南越，于是，建议武帝打通夜郎之道，在夜郎设置官吏。

武帝任命唐蒙为中郎将,率领一千大军,以及负责粮草和辎重的一万多人,从巴苻关进入夜郎。唐蒙对夜郎侯赏赐甚丰,又以汉朝的威德进行劝谏,约定在夜郎设置官吏。夜郎及其附近的小城邑的人贪图汉朝的财物,认为汉朝距夜郎较远,且道路不畅,奈何不了他们,就同意归顺汉朝。汉在夜郎设置犍为郡,然后派人修建巴蜀通夜郎的道路。武帝还派司马相如以郎中身份前往邛、筰地区,在那里设置都尉,十余个县,隶属于蜀郡。

公元前122年,张骞上书武帝说在大夏看到过从身毒国贩卖来的蜀布、邛竹杖,认为身毒到大夏必有捷径。武帝遂令王然于、柏始昌、吕越人等探求通往身毒的道路。他们在滇国和夜郎逗留了四年多,因昆明阻挠,未能找到通往身毒之路。

逗留期间,滇王和夜郎侯都曾问汉使者:"汉朝与我们相比,谁大?"他们不知道汉朝有多广大,以为自己就是最大的,这就是"夜郎自大"的来源。王然于他们回来后报告武帝说滇乃西南夷中的大国,值得开发并加以统治。

南越叛乱的时候,武帝派使者驰义侯率领征伐夜郎等国的军队去攻打南越,且兰国不愿远行,还联合邻国起兵,杀了使者和犍为太守。汉朝将从巴蜀征召准备攻打南越的罪人派去攻打且兰国。平定南越后,且兰国还未攻下,武帝又派中郎将郭昌、卫广去攻打且兰国,斩杀数万人,平定南夷,设置牂柯郡。夜郎依附南越,南越被平定后,夜郎入朝求见,被武帝封为夜郎王。汉朝诛且兰、邛君,杀筰侯,其他各部皆恐惧汉朝,纷纷请求称臣置郡。

使者王然于让滇王入朝,滇王以人马较多,其东北的劳深、靡莫都是同姓,相互依障,不愿入朝。公元前109年,武帝发兵击灭劳深、靡莫,兵临滇城,滇王才愿称臣,设置益州郡,赐滇王王印。

此后,西南各部族基本都处于汉朝的统治之下,汉朝先进的技术、文化传到了西南地区,加快了西南地区的发展,促进了西南各族与汉族之间的联系。

相如抚琴文君心动

武帝开发西南的时候，司马相如以中郎将的身份出使邛、莋地区，此前，司马相如在仕途上并不顺畅，且家徒四壁。

司马相如，字长卿，蜀郡成都人，因敬重蔺相如为人而改名相如。景帝赏识司马相如的剑术，封他为武骑常侍，但不赏识他的文学才能。当时梁孝王来朝，司马相如结识了邹阳、枚乘、庄忌等人。不久，司马相如因病辞官到梁地，在梁国受到梁王重视，在梁地过了几年，写了著名的《子虚赋》。

梁王死后，相如回到蜀地，家贫无以为业，就投奔朋友临邛县令王吉。

王吉和司马相如受邀到当地富商卓王孙家做客，人们都很倾慕司马相如的文采。觥筹交错间，有人提议司马相如抚琴助兴。司马相如知道卓王孙有个女儿卓文君，新寡，才貌双全，就想借助琴声向文君传达爱慕之情。司马相如特意演奏了一曲《凤求凰》，别人只听得琴声优美，而文君却听出了司马相如在琴声中传达的心意。

凤兮凤兮归故乡，遨游四海求其凰。
时未遇兮无所将，何悟今兮升斯堂！
有艳淑女在闺房，室迩人遐毒我肠。
何缘交颈为鸳鸯，胡颉颃兮共翱翔！
凰兮凰兮从我栖，得托孳尾永为妃。
交情通意心和谐，中夜相从知者谁？
双翼俱起翻高飞，无感我思使余悲。

司马相如在琴声中大胆、直白地表达了自己的"目的"，卓文君也被司马相如的才华打动。

宴罢，司马相如买通卓文君的侍者，通过侍者向卓文君传达自己的心声。文君遂下定决心投奔司马相如。

终成眷属相如负心

司马相如一曲《凤求凰》，最终赢得美人心。卓文君夜里偷偷从家里出来，来到司马相如临时的住所。第二天一早，二人启程去了司马相如的故乡。

司马相如的老宅破旧不堪，二人虽然恩爱，但无奈生活还是离不开柴米油盐。卓王孙知道女儿私奔后，认为有辱门风，不给卓文君任何嫁妆。二人在成都生活了一段时间后，卓文君带来的钱财花完了，文君决定回到临邛。

回到临邛后，二人变卖了车马，买下一个酒店，卓文君当垆卖酒之事很快传到了卓王孙那里。卓王孙大怒，数天闭门不出，最后在亲朋的劝说下，只得给了卓文君和司马相如一些财产和仆人，让他们回到成都生活。

二人不必再为生活发愁，过起了琴瑟和鸣、饮酒作赋的美好生活。没过多久，武帝因赏识司马相如的《子虚赋》，而宣他入朝，封为郎官，出使巴蜀，后升为中郎将，到京师任职，与卓文君一别就是五年。

得到武帝赏识的司马相如到京师不久，就产生了纳妾的想法。卓文君知道后给司马相如写了一首《白头吟》，希望挽回丈夫的心，卓文君在信中写道："皑如山上雪，皎若云间月。闻君有两意，故来相决绝……愿得一心人，白首不相离……男儿重意气，何用钱刀为。"

时刻惦念着司马相如的卓文君只等来十三个字的回信，即一、二、三、

四、五、六、七、八、九、十、百、千、万。

卓文君思索了很久,终于明白了丈夫的意思,于是,给司马相如回了一封信:

> 一别之后,二地相思,只说是三四月,又谁知五六年,七弦琴无心弹,八行书无可传,九连环从中折断,十里长亭望眼欲穿。百思想,千系念,万般无奈把君怨。
>
> 万语千言说不完,百无聊赖十倚栏。重九登高看孤雁,八月中秋月圆人不圆。七月半,秉烛烧香问苍天。六月伏天人人摇扇我心寒。五月石榴似火红,偏遭阵阵冷雨浇花端。四月枇杷未黄,我欲对镜心意乱。急匆匆,三月桃花随水转;飘零零,二月风筝线儿断。噫,郎呀郎,恨不得下一世,你为女来我做男。

司马相如看到卓文君的信,被文君的才华打动,觉得对不起卓文君,最终打消了纳妾的念头,将卓文君接到长安,决定与文君白头偕老。

汉赋大家长门寄情

司马相如因赋得到武帝赏识,也是后世公认的汉赋大家,在文学史上占有重要的地位,与司马迁并称为"西汉文章两司马"。司马相如一生写了不少赋,但是流传下来的只有《子虚赋》《上林赋》《游猎赋》《哀二世赋》

《长门赋》《大人赋》等为数不多的几篇。

《子虚赋》《上林赋》虽不是作于一时，但内容上却是连贯的，这两篇赋是司马相如的代表作。《子虚赋》是司马相如前期的作品，《上林赋》是跟随武帝游猎所作，赋中盛赞苑囿之大和田猎之盛。

司马相如开创了汉赋的基本主题，以宫殿园林为主要题材，赞美汉朝的强大；确立汉赋的基本体制，恰当运用对偶和排比，文辞华美，气势恢宏。

司马相如的赋作中被认为最成功的是《长门赋》。《昭明文选》序言中讲到此赋是失宠的皇后陈阿娇花重金求司马相如写的一篇骚体赋。

文章以一个遭遇冷落的妃嫔口吻而写成，君主许诺傍晚会再来，独自徘徊至夜幕降临，也不见君主身影，内心充满期盼和失落。登上兰台遥望，只见浮云四散，雷声轰隆，以为是君主的车辇，却是风卷帷幄。梦中见到君主就在身边，醒后却更加孤独、凄凉。

此赋借景抒情，细腻地表达了一个不被宠幸的女子的情感，表现了陈皇后失宠被迫迁居长门之后苦闷的心情。《长门赋》也被认为是开创了宫怨题材的先河。

汉武帝好神仙之道，司马相如写《大人赋》对武帝进行讽谏。文中通过虚构人物"大人"求仙之事以讽武帝求仙之谬，而武帝见《大人赋》却大喜，"相如既奏《大人》之颂，天子大说，飘飘有凌云之气，似游天地之间意"。

司马相如为官淡泊名利，后因病辞官，回归故里。公元前118年，司马相如病逝。司马相如在汉赋上取得了重要成就，与卓文君的爱情也成为流传千古的佳话。

阿娇封后因妒被废

汉武帝当年既不是太子，也不是长子，能当上皇帝，其姑母馆陶公主出了不少力。武帝兑现了"金屋藏娇"的承诺，娶了表姐陈阿娇，封其为皇后。

陈阿娇母亲馆陶公主被尊为长公主，父亲陈午是高祖时开国功臣堂邑侯之曾孙，显赫的家世让陈阿娇自幼便骄横无比。阿娇认为武帝能当上皇帝，也是自己母亲的功劳，因此，在武帝面前总以恩人自居。阿娇多年不育，又骄横善妒，渐渐引起了武帝的不满。

公元前139年，武帝到姐姐平阳公主家做客，平阳公主献歌女卫子夫给武帝，武帝回宫后，就将卫子夫忘在了脑后。一年多后，平民出身、能歌善舞的卫子夫再次得到武帝的宠幸，不久卫子夫就有了身孕。陈皇后自然对卫子夫是又妒又恨，无奈卫子夫有武帝的宠爱。陈皇后的母亲爱女心切，就打起了卫子夫弟弟卫青的主意，想要杀害卫青，卫青被公孙敖救下。武帝知道后，对卫子夫一家进行赏赐加封。

卫子夫接连为武帝生下了三个女儿，武帝越来越宠爱卫子夫，一直未能生育的陈皇后尝试了各种手段，却让武帝越来越反感。最后陈皇后找来一个叫楚服的巫师，对卫子夫和得宠的妃子施行巫蛊之术。事情败露后，武帝震怒，命酷吏张汤严查，前后共查出三百多人，楚服枭首示众，陈皇后也因此被废，迁居到长门宫。

居后位达十一年之久的陈阿娇最终因为嫉妒、骄横自己断送了前程，后来虽然花重金求司马相如作《长门赋》，依然未能挽回武帝的心，却让司马相如成了宫怨作品的鼻祖。

陈阿娇被废后，虽迁居长门宫，母亲长公主向武帝求情，武帝感念旧恩，仍然优待陈阿娇。陈阿娇在母亲去世后，又过了几年，抑郁而逝。

卫子夫得宠终封后

卫子夫本是武帝姐姐平阳公主家的歌女，出身寒微，武帝在平阳公主家对其一见钟情。平阳公主亦想学习其姑母为天子进献美女，平时就在家中教养歌女，如今卫子夫被武帝宠幸，平阳公主因此请求将卫子夫献给武帝。

武帝回到宫中就将卫子夫忘得一干二净，此后一年多，卫子夫再也没有见到武帝。公元前138年，武帝准备释放一批闲置的宫人，卫子夫才有机会见到武帝，哭着对武帝说让她出宫回家。武帝再次宠幸了卫子夫，没想到卫子夫竟然因此有了身孕。武帝虽然有了皇后和众多的妃嫔，但这是武帝的第一个孩子，自然是十分高兴，卫子夫逐渐得到武帝的宠爱。

卫子夫先后为武帝生下三个女儿，卫子夫的弟弟卫青和外甥霍去病均在反击匈奴的战争中立下赫赫战功。武帝对卫子夫一家也是恩宠有加，卫子夫的家人均得到丰厚的赏赐和加官晋爵的机会。这就引起了自以为有恩于武帝的骄横的陈皇后的妒忌，既不能生育又得不到武帝宠幸的陈皇后最后对卫子夫施以巫蛊之术。事发后，武帝忍无可忍，不再顾及姑母的情面，不再履行幼时许下的"金屋藏娇"的承诺，毅然下令废了表姐陈阿娇的皇后之位。

陈皇后被废之后，卫子夫再次有了身孕，公元前128年，卫子夫为已年近三十的武帝生下了第一位皇子，武帝大喜，为爱子取名刘据，同时诏令枚皋和东方朔为皇子的诞生作《皇太子生赋》及《立皇子禖祝》，修建祠堂祭拜婚育之神等，可见武帝对这位皇子的重视。母凭子贵，立即有大臣主父偃上书请立卫子夫为皇后，武帝欣然应允，册立卫子夫为皇后，且大赦天下。

卫子夫被立为皇后之后，并没有恃宠而骄，依然保持良好的品行，公正地掌管、处理后宫之事。随着年龄的增长，卫子夫容颜衰老，武帝开始宠幸李夫人、钩弋夫人等，但是武帝对卫子夫依然尊重和信任，不似文帝，窦皇后失明，文帝竟然让慎夫人与窦皇后平起平坐。武帝每次出游巡幸天下就将后宫以及宫中诸事交于卫子夫打理，且对卫子夫的处理结果从没异议，有时甚至不需卫子夫向其汇报，可见武帝对卫子夫是十分信任的。

当时民间有《天下为卫子夫歌》："生男无喜，生女无怒，独不见卫子夫霸天下！"可见，卫子夫的影响之大。

卫子夫居后位三十八年，未有过失，后遭诬陷，无奈自缢，含恨而终。宣帝即位后，追谥卫子夫为思皇后，卫子夫成为中国历史上第一个有独立谥号的皇后。司马迁评价其"嘉夫德若斯"，可见卫子夫德行可嘉。

巫蛊之祸妻子俱亡

武帝痛恨巫蛊之术，曾因巫蛊之事废了陈皇后，并下令禁止施行巫蛊之术，但巫蛊之术仍在悄悄地流行。武帝晚年身体日渐衰退，便开始怀疑有人对其施行了巫蛊之术。

卫子夫得到武帝的恩宠虽能做到不恃宠而骄，但其家人之中难免有人骄横起来。卫子夫姐姐的儿子公孙敬声，其父为丞相公孙贺，自己也居九卿之高位，逐渐开始骄纵，擅自挪用大量军饷，事发后下狱。公孙贺为了营救儿子，便请求抓捕迟迟未能归案的朱安世以赎其子之罪。朱安世被捕后上书武帝诬告公孙敬声和阳石公主私通以及用巫蛊之术诅咒武帝，武帝大怒，立即命人审查此事。

公孙贺父子最后死在狱中，受此事牵连，诸邑公主、阳石公主均被处死，卫青的长子以及卫长公主的儿子也因连坐被杀。此后，武帝居住在长安远郊的甘泉宫，朝中之事交给太子刘据处理。

宠臣江冲与太子有矛盾，看到武帝病情加重，担心太子继位后对自己不利，在丞相刘屈氂的唆使下，便以巫蛊之罪陷害太子。武帝让江冲负责查处此事，江冲受命后在皇宫各处挖掘施行巫蛊之术的木偶人，最后派人陷害，在太子宫挖到木偶人，诬陷皇后、太子诅咒武帝。

在江冲的阻挠下，太子不得见武帝，被逼无奈之下，太子接受老师的建议，派人假扮武帝使臣，斩杀江冲等人。为了捕杀江冲亲信，太子和皇后号令宫中卫士攻占长安各要处。武帝得到消息后，起初认为太子是被江冲等人陷害。武帝派去打探消息的使臣因胆怯不敢入城，回来报告武帝说太子已造反，丞相刘屈氂也报告说太子已反，武帝这才相信。武帝发兵，以刘屈氂为统领与太子大战数日，死伤数万人，整个长安城血流成河，最后太子兵败自刎，皇后自缢。

后来，令孤茂和田千秋先后上书武帝，诉说太子冤情。醒悟过来的武帝重新调查此事，真相大白后，武帝后悔莫及，将江冲满门抄斩并灭其三族，又修建思子宫，以表达对太子的思念。

当年参与迫害太子之人，武帝先后以各种理由将其杀害，其中丞相刘屈氂被腰斩，其妻被枭首示众，李广利在妻子被捕后，率军投降匈奴。巫蛊之祸牵连甚广，受害甚众，有学者认为西汉由盛转衰自此始。因此，班固认为巫蛊之祸"太子子父皆败"。

武帝悔过轮台罪己

武帝虽有雄才大略，但好大喜功，连年对外用兵，耗费了大量钱财，造成国库亏空。另一方面，武帝生活奢侈，大造宫殿园林等，官僚贵族也竞相攀比，奢靡之风盛行。汉初轻徭薄赋政策逐渐改变，地主阶级加大对农民的剥削，社会矛盾加剧。汉武帝晚年好神仙方术，被江冲等奸佞小人利用，造成巫蛊之祸，太子和皇后自杀，此事对武帝打击较大，开始反思自己。

据《资治通鉴》记载，公元前89年，武帝在泰山封禅，然后对群臣说："朕即位以来，所为狂悖，使天下愁苦，不可追悔。自今事有伤害百姓，靡费天下者，悉罢之。"也就是说武帝开始悔过，决定停止有损百姓的政策，不再奢靡浪费。接着，又在田千秋的建议下，斥退方士。

桑弘羊建议武帝在轮台以东扩大屯田，增派戍卒和移民，在此建立控制西域的据点。武帝没有接受桑弘羊的建议并认为是扰民，为此，武帝颁发了著名的"轮台诏"，对过去的战争征伐表示悔过，认为当务之急是禁止苛暴统治，减轻苛捐杂税，大力发展农业，恢复对养马者免除赋役的法令，养马只需填补军队空缺，不使军备荒废即可。这道诏书被称为"轮台罪己"诏，亦称"轮台悔过"，是武帝晚年对自己之前作为的忏悔。

武帝停止对外战争，开始整治内政。武帝任命田千秋为丞相，发展经济，任命赵过为搜粟都尉，推行代田法，改进耕作技术，发展农业生产。汉武帝通过推行一系列政策，生产有所恢复和发展，社会逐渐安定下来。

桑弘羊理财国库丰

桑弘羊出生于商贾之家，自幼聪慧，擅长心算。景帝末年，十三岁的桑弘羊便被特诏进入皇宫担任侍中。桑弘羊进入皇宫后成为武帝身边的伴读，后来逐渐成为武帝的得力助手。

武帝掌握实权后,决定发动反击匈奴的战争。要想发动并赢得战争,必然需要强大的财政支撑。武帝初年,经过文景朝的休养生息,经济虽然有了恢复和发展,但仍难以长期应付耗资巨大的战争。为了解决财政问题,桑弘羊给武帝提出了一系列措施。在武帝的支持下,开始推行桑弘羊的理财政策。

桑弘羊的政策主要有减轻钱币重量,发行白金币等,要求宗室和王侯向皇帝缴纳白金币。

迁灾民开发边疆,巩固边防。这一政策既安置了流民,又解决了边防军队的粮食供应问题,减少了军费开支。

推行算缗、告缗政策。算缗就是向商人征收财产税,告缗就是对商人不如实纳税的惩罚。这一政策最初是御史大夫张汤提出的,但当时由于有人反对未能施行。桑弘羊在武帝的大力支持下,这一政策在全国开展起来,政府得到了巨额的财物,很多商人破产。

整顿货币。禁止郡国和民间私自铸钱,将铸币权收归朝廷,废除过去的钱币,以新的五铢钱为全国通行的钱币。这对稳定市场起到了重要作用,五铢钱在历史上流通了七百多年,一直到隋朝。

盐铁官营。桑弘羊大力整顿盐铁官,增加盐铁官的设置,完善盐铁官营的管理和经营,使其生产规模迅速扩大。

推行均输、平准政策。均输法由桑弘羊创立,在一些郡县试行,后在全国推行。均输法就是郡国向朝廷进贡的物品按照当地市场价折算成当地特产,上交给均输官,均输官运往高价地区出售,赚取差价。这种政策免除了各地向朝廷进贡所造成的人力和物力的浪费,又可以使物品在全国流通,国家从中还能赚取利润。平准就是在京城设立的为了稳定物价的一个机构,当某种物品价格过高时,就以平价向市场卖出该物品,当某种物品价格过低时,就由该机构大量购买,以提高物价。

纳粟拜爵。公元前110年,桑弘羊建议武帝推行纳粟拜爵、补官和赎罪政策。纳粟拜爵始于商鞅变法，即多交粟帛免除徭役，汉朝增加了赎罪的内容，桑弘羊扩大了补官的范围，使普通百姓也可买官。这一政策的推行增加了国家的粮食收入，但是破坏了选官制度。

酒类专卖。公元前98年，桑弘羊建议武帝实行酒榷即酒类专卖，由政府对酒类进行专营，增加政府的收入。通过酒类专卖，国家获得了高额的利润。

桑弘羊在经济上采取的一系列政策确实增加了收入，为汉武帝征伐和开拓提供了物质保障。但是到武帝后期，各项政策的弊端逐渐显现，带来了一定程度的负面影响，及至盐铁会议，桑弘羊仍坚持己见未对政策进行调整。

直臣汲黯秉公犯颜

汲黯，字长孺，濮阳人。景帝时，担任太子洗马，太子洗马是辅佐太子、教太子政事的官职。武帝即位后，任命汲黯为谒者。汲黯为人正直，不畏权贵，直言敢谏，朝中大臣都十分敬畏惧怕他。

有一年，河内失火，一千多百姓之家被烧，武帝让汲黯去查看灾情。汲黯回来说："河内失火烧了屋子不足以担忧。我从河南经过的时候，河南遭遇自然灾害，有的人家甚至父子相食，我便宜行事，持节拨河南官府之仓赈济灾民。现在归还符节，请皇上治罪。"武帝认为汲黯贤良未治其罪，让其做荥阳令。汲黯以之为耻，告病归乡。武帝知道后，升汲黯为中大夫。汲黯因多次直谏，武帝将其调为东海太守。

汲黯为人傲慢，不讲究礼节，当面顶撞别人，不能容人之过。但他好学，行侠仗义，重气节，好直谏，数次触犯武帝。

武帝招揽文学儒生，总是说我要怎样怎样，汲黯直言不讳地对武帝说："陛下内心贪欲太多，对外说着施行仁义，这样怎能效仿唐虞之治？"武帝听后，默然不语，怒而罢朝，公卿大夫都为汲黯担心。武帝退朝回宫后对左右说："汲黯太过分了！"群臣也都跟着数落汲黯，汲黯说："天子设置公卿辅佐之臣，难道是让我们阿谀奉承陷陛下于不义吗？我们身居其位，不能只爱惜身家性命，不顾朝廷百姓！"

汲黯多病，汉朝规定官员病假三个月以上就要被免官，武帝为了保留汲黯的官职，常在汲黯病假快满三个月的时候，再给其假期。有一次，汲黯病重无法上朝，就让庄助帮其请假。武帝问庄助觉得汲黯如何，庄助说："汲黯为官，无过人之处，然而他却能辅佐少主，坚守已成，召之不来，挥之不去，即使有孟贲、夏育那样的勇武之士也不能夺取他的志节。"武帝认为庄助的回答很中肯，认为汲黯是社稷之臣。

汲黯虽然多次使武帝难堪，但武帝仍十分敬畏汲黯。武帝敢在厕所接见大将军卫青，亦会不戴帽子接见丞相公孙弘。有一次，武帝没有带帽子坐在帐外，汲黯前来奏事，武帝望见汲黯连忙躲避到帐中，让侍从批准汲黯的奏折。

汲黯作为正直之臣，藐视那些曲意奉承之人。张汤以更定律令之功担任廷尉，汲黯数次在武帝面前斥责张汤，认为张汤作为股肱之臣，为迎合武帝和大臣，任意违背律令，大骂张汤这样做会绝后。汲黯常与张汤在朝堂之上辩论，怒骂张汤。

后来武帝为解决楚地私铸钱币之事，诏令已经免官在家的汲黯出任淮阳太守，汲黯数次以身体不好拒绝。最后武帝特准其在家中处理政事。七年后，汲黯死于淮阳任上。

汲黯作为正直之臣的代表，所作所为皆为国家考虑，武帝虽不喜他的耿直，但也承认他为社稷之臣。

酷吏张汤为官清廉

张汤，因执法严苛，被称为酷吏，因治陈皇后、淮南、衡山谋反案得到武帝赏识。后来因公报私仇，遭人报复，自杀身亡，但其为官清廉，也算得上一个清官。

张汤幼时便显现出狱吏之才。一次，张汤的父亲外出，让张汤在家看守，父亲回来时发现家中的肉被老鼠吃了，就把张汤打了一顿。张汤掘开老鼠洞，找到老鼠和老鼠吃剩下的肉，对老鼠进行审讯，从传文书，到审案定罪，并将老鼠处死。张汤的父亲看到张汤审问老鼠的文书，大惊，其文辞如同老狱吏，于是，让张汤学习律法。父亲死后，张汤接替父亲之职为长安吏。

周阳侯田胜为诸卿时曾犯罪被捕，张汤设法救之。田胜后来被封侯，常常举荐张汤，张汤不久出任茂陵尉。

武安侯田蚡为丞相，任命张汤为丞相史，经常在武帝面前举荐张汤。武帝让张汤担任侍御史，负责审案。张汤审理陈皇后巫蛊之案时，深究党羽，追查牵连出三百多人。武帝认为张汤能力出众，提拔张汤为太中大夫。其后张汤与赵禹一起制定了许多汉朝律令条文。

据《史记》所载，张汤为人狡诈，攀附富贾重臣，审案时迎合武帝和大臣，为此，汲黯曾数次大骂张汤。但张汤审案严谨，宽严有度，且与各大权贵关系良好，丞相公孙弘多次称赞张汤。

张汤审判淮南王谋反之案时，牵涉了很多人。武帝认为严助和伍被告发有功，想要释放二人，张汤争论说："伍被本来谋划反叛，严助结交出入宫禁之臣，如果不杀了他们，以后将不好治理。"武帝同意张汤的意见。张汤后来升为御史大夫。

张汤只做了七年御史大夫，便被捕了。

御史中丞李文之前与张汤有矛盾，总想加害张汤。张汤的部下鲁谒居知道张汤对李文不满，就让人告发李文。张汤审理此案，将李文判处死刑。张汤因此感激鲁谒居，鲁谒居生病，张汤亲自探视且为鲁谒居按摩脚。

赵国以冶铸为业，赵王多次控诉铁官，张汤常排挤赵王。赵王总想寻求张汤的过失，鲁谒居也曾审理过赵王的案子，赵王对鲁谒居也是怀恨在心。赵王知道张汤为鲁谒居按摩之事便上书武帝，称他们之间有阴谋。此事由廷尉审理，鲁谒居已病死，事情就牵连到他的弟弟，被拘在导官，张汤到导官审理其他案子，见到鲁谒居的弟弟，想要暗中帮助他，表面装作不认识。鲁谒居的弟弟不知张汤的用意，因而怨恨张汤，上书告张汤与鲁谒居合谋告发李文之事。武帝让减宣审理，减宣与张汤有过节，深究此事，且不向武帝奏报。丞相庄青翟与张汤不和，让部下买通朱买臣、王朝和边通诬陷张汤"居物致富"。

武帝派人责备张汤，张汤不服，又派人劝责。张汤最后自杀，留下奏疏谢罪说："汤无尺寸功，起刀笔吏，陛下幸致为三公，无以塞责。然谋陷汤罪者，三长史也。"

张汤死后，家产不过五百金，且都是皇上赏赐，没有其他产业。张汤的母亲认为张汤被诬陷致死反对厚葬，以牛车装载下葬，有棺无椁。武帝知道后，说："非此母不能生此子。"遂诛杀了三长史。

倪宽博学一心为民

倪宽，字仲文，精通经学和历法，善文辞。倪宽幼时好学，但家贫，为了得到学习的机会就在郡国学校帮忙做事。倪宽给人家做短工，下地干活也将经书挂在锄把上，趁休息时研读，这就是"带经而锄"的来历。倪宽由于好学，先后得到欧阳生和孔安国的传授，精通《尚书》，被选为博士。

后来通过考试，倪宽成为协助廷尉办案的文字官员。当时廷尉主管为张汤，张汤乃著名的酷吏，倪宽性情温和，得不到张汤的重用，被派去管理畜牧。

几年之后，倪宽回到廷尉府，碰巧当时上报给武帝的案情被退回，需要重新撰写，掾史不知如何撰写。倪宽看过后，为掾史提供了意见，掾史便让倪宽代笔，写好后，掾史很满意，将倪宽的情况报告给了张汤。

张汤看过倪宽写的奏疏，十分认可，就让倪宽做了掾史。张汤将倪宽所写的奏疏上奏给武帝，武帝看后问张汤："奏疏不是普通官吏所能写出，何人所写？"张汤说是倪宽。武帝说："我久闻其名。"张汤任命倪宽为起草奏疏的官员，倪宽以古法义判决疑难案件，得到张汤的重用。

后来张汤为御史大夫，推荐倪宽为侍御史。武帝召见倪宽，与之讨论经学，武帝甚悦，提拔倪宽为中大夫。

倪宽为官期间，鼓励农民耕种，缓刑罚，体恤下士，深得人心，选用仁厚之士，体察民情，得到官民的信任和爱戴。倪宽上书建议开通六辅渠，灌溉农田，制定水利法。收取租税时，根据情况调整，延缓或减免租税，倪宽负责的地区租税征收不能按时完成。后遇军事急需征粮，倪宽因拖欠租税，当免官，百姓为了挽留倪宽，纷纷交粮，成为最先完成任务的地区。武帝由此对倪宽的才能更加惊奇。

武帝欲仿古行巡守封禅之事，儒者五十多人未能制定封禅礼制。之前有司马相如留下遗书，言封泰山之事。武帝问倪宽，倪宽对曰："唯天子建中和之极，兼总条贯，金声而玉振之，以顺成天庆，垂万世之基。"武帝以为然，拜倪宽为御史大夫，前往泰山举行封禅大典。

太史令司马迁上书说历法废弛，汉兴未改正朔，应该加以修正。武帝让倪宽与司马迁等人共同制定了《太初历》，将当时历法中的错误一一纠正。

倪宽担任御史大夫九年后去世，死于任上。

倪宽博学多才，得到武帝赏识，虽居高位，亦能善待下士，深得百姓爱戴。

良吏黄霸贤人君子

黄霸，字次公，淮阳人。他自幼学习律令，喜欢做官。武帝末年，黄霸以待诏身份花钱买了个侍郎谒者的小官，后因兄弟有罪被免官。

黄霸又捐谷求得左冯翊之职，管辖沈黎郡。因为官清廉，升为河东均输长，后又被举荐为河南太守丞。黄霸为人明察秋毫，心思敏捷，通晓文法律令，温良谦让，有智谋，善于处理人际关系。黄霸为太守丞期间，处事议论合乎法度，顺应人心，得到太守的信任和百姓的爱戴。

昭帝幼年即位，大将军霍光辅政，大臣争权。上官桀等与燕王谋划作乱，被霍光诛杀。霍光开始沿用武帝时期的严刑峻法，因此官吏以执法严酷为能，而黄霸以为政宽和出名。

宣帝因巫蛊之祸曾流落民间，深知百姓疾苦和吏治得失，因而即位后十分重视吏治。听闻黄霸执法公允，召黄霸为廷尉正。黄霸数次裁决疑难案件，被认为判处公平。不久，黄霸升任丞相长史。

宣帝要群臣讨论武帝"尊号"之事，夏侯胜反对，黄霸支持夏侯胜，因而两人被下狱。在狱中黄霸向夏侯胜学习《尚书》，后宣帝大赦天下，二人出狱。

夏侯胜被任命为谏大夫，让人举荐黄霸为贤良，然后又亲自向宣帝推荐黄霸，宣帝任命黄霸为扬州刺史。黄霸在扬州政绩突出，受到宣帝表彰，调其为颍川太守。

黄霸到颍川后，选择优秀的官吏发布诏令，让民众知道天子勤勉政事，恩泽天下。黄霸让乡官蓄养鸡和猪，用来赡养鳏寡贫穷者。制定条例，张贴在民间，劝善防奸。鼓励农耕和蚕桑，种树畜养，禁止用粮食喂马。

为了解民情，黄霸常派官员出访，深入民间，关心百姓。黄霸还对下属要求严格，有一次，派了一位年长廉洁的下属考察民情，下属不敢在驿亭住宿，在路边吃饭的时候，突然飞来一只乌鸦，叼走了饭里的肉，恰巧被去太守府的人看到，就告诉了黄霸。下属回来时，黄霸迎上去说："辛苦了！在路边吃个饭还被乌鸦偷了肉。"下属大惊，以为黄霸知道他所有的情况，汇报情况时不敢有任何隐瞒。

黄霸在颍川期间，对百姓之事十分了解。有孤寡老人死后无以安葬的，黄霸对下属官吏说某处有大树可以做棺材，某亭有猪可以用来祭祀，官吏去看皆如黄霸所言，官吏和百姓不知道黄霸平时细心留意，以为黄霸是神明。奸邪之徒也都到别的郡去了，郡内盗贼日益减少。

黄霸治理颍川，外宽内明，深得民心，户口年年增加，业绩天下第一。宣帝征召黄霸为京兆尹，后因过失遭贬，再度出任颍川太守，前后八年，郡中大治。宣帝下诏称扬黄霸为贤人君子。

黄霸一生为官清廉，治理有方，政绩突出，成为"循吏"的代表。

灌夫被捕窦婴相救

窦婴，字王孙，窦太后的外甥。七国之乱时，被景帝任命为大将军，驻守荥阳，七国之乱平定后，窦婴因功被封为魏其侯。武帝即位后，窦婴被任命为丞相。窦婴不好黄老之学，被窦太后逐出朝廷，只有灌夫依旧与其交往。

公元前131年，丞相田蚡娶燕王女为夫人，王太后诏令列侯宗室前去祝贺。窦婴准备和灌夫同去，灌夫说："我之前因酒后失言惹怒了丞相，最近又和丞相有矛盾，还是不去了。"窦婴认为事情已经过去，强拉着灌夫一同前往。

酒至酣处，武安侯起身敬酒，所有人都起身离席，伏在地上。等到窦婴敬酒的时候，只有一些老朋友离席，灌夫很不高兴。当灌夫起身敬酒，敬至武安侯时，武安侯未起身，并且说："不能喝满杯。"灌夫虽然生气，依然笑着说："将军贵人，喝下吧。"武安侯不肯。

灌夫敬酒至临汝侯，临汝侯与程不识交谈不起身，灌夫忍不住骂道："平时诋毁程不识一钱不值，今天长者给你敬酒，你却和他窃窃私语。"武安侯偏袒临汝侯和程不识，灌夫继续大骂。

田蚡大怒，让人绑了灌夫，以辱骂不敬之罪将灌夫打入大牢，且派人逮捕灌夫的族人。窦婴为救灌夫，变卖家产，向田蚡求情，田蚡却并未释放灌夫。

窦婴上书武帝，将事情详细地报告给了武帝，认为灌夫罪不至死，武帝也认为窦婴讲得有道理。窦婴又盛赞灌夫之功，只是酒后失言之过，丞相以其他罪名诬陷灌夫。田蚡则极力诬陷灌夫骄横，肆意妄为，大逆不道。窦婴无可奈何，只好再言丞相田蚡之过。二人争论不休，各执一词，武帝问其他大臣，大臣因惧怕丞相不敢言。

太后是丞相的姐姐，当然袒护自己的弟弟，于是，对武帝说："如今我还活着，就有人欺负我的弟弟，我百年之后，还不成为鱼肉，任人宰割。你现在是皇帝，群臣都敢如此，你要是百岁之后，他们还不知道会怎样呢。"武帝只得对太后说："都是宗室外戚，才让他们当庭辩论，否则，这样的事该由狱吏判决。"

迫于太后的压力，武帝不得不偏向田蚡，窦婴为了救灌夫，拿出景帝留给自己的遗诏，请求武帝赦免灌夫。不巧的是，宫中并未找到景帝遗诏的原本，窦婴手里只是副本。窦婴以伪造先帝遗诏之罪被弹劾，最后被杀。

窦婴舍身救友，虽然没有成功，但其举动赢得了后人的称赞。

游侠郭解侠义为民

郭解，轵人，字翁伯，其父因行侠被文帝处死。郭解身材矮小，精明强悍，年少时阴狠残忍，杀人甚众，为朋友报仇不惜生命，私铸钱币，掘坟盗墓，不可胜数。郭解年长之后改变行为，以德报怨，多施恩于人，少求回报，喜欢行侠仗义。

郭解姐姐的儿子依仗郭解的势力与人喝酒时，强迫别人，被人刺杀。郭解的姐姐质问郭解："以你的名气，我的儿子被杀，为何却抓不到凶手？"凶手还把尸体丢弃在路上，以此来羞辱郭解。郭解只得派人追查凶手的藏身之处。凶手困窘无处藏身，只得回来将实际情况告诉郭解。郭解说："你杀了他理所应当，是我的侄子无理。"遂将凶手放走，收葬了姐姐的儿子。人们称赞郭解，之后更多的人依附他。

洛阳有一对仇家，邑中贤者从中调停无数次，两家均不听劝解。郭解晚上去两家进行拜访调解，两家都听从了郭解的劝解。郭解对两家人说："洛阳诸公劝解多次，你们不听，现在幸而听了我的劝说，我怎么能夺他县贤士之权，等我离开后，再听从豪贤的劝解。"郭解夜里离开了两家。

武帝时期，迁徙天下豪富到茂陵，郭解家贫，不当迁。同县杨季主的儿子在县里做官，对郭解不满，便唆使官府迁徙郭解家。郭解的侄子杀了杨季主的儿子。

郭解离开轵时，当地出了很多钱相送。郭解来到茂陵，大家争相与之结交。后来，杨季主家上书告郭解，郭解手下的人又将告发之人杀了。武帝闻知此事，下令逮捕郭解。郭解逃亡途中，从不隐瞒自己的身份，一路都有人家愿意收留。郭解逃至临晋时，有个叫籍少公的人不认识郭解，为了救郭解，自杀灭口。

郭解最终被捕后，因其所犯之事在大赦之前，又被释放。后来武帝派人调查郭解案件，人们都称赞郭解，当地陪同的儒生却说郭解作奸犯科。郭解的手下杀了这个儒生，割了他的舌头。官吏责问郭解，郭解并不知情。地方官吏上报郭解无罪，但御史大夫公孙弘认为："解布衣为任侠行权，因为一点小事杀人，郭解虽不知情，这比郭解杀人更为严重。"于是，郭解一家被灭族。

郭解行侠仗义，对此司马迁给予很高的评价与肯定。司马迁在《史记》中专门为游侠立传，赞扬他们"其言必信，其行必果，已诺必诚，不爱其躯，赴士之厄困……"

东方朔智谏汉武帝

东方朔，字曼倩，幽默且才华横溢。武帝继位后，下令征召天下士人。东方朔上书自荐，用三千多片竹简写成《应诏上书》，武帝花了两个月的时间才看完，然后让东方朔在公车署中等待召见。

武帝一直未召见东方朔，东方朔不满，为了尽快被武帝召见，东方朔想了个办法。东方朔故意吓唬给武帝养马的侏儒,说:"你们不会种田,也不会当官,更不能打仗,对国家没有什么用处,还浪费粮食,陛下想要杀了你们。"侏儒们吓得痛哭起来,东方朔接着对他们说:"你们要想活命,就在陛下过来的时候磕头求情。"

武帝经过,侏儒们立刻哭着向武帝求饶,武帝听后招来东方朔,东方朔幽默地说:"我也是迫不得已,侏儒身高三尺,我足有九尺,所得俸禄一样多,他们的粮食吃不完,我却吃不饱。陛下要是不愿意重用我,就让我回家,免得我浪费粮食。"武帝被东方朔的幽默打动,任命他为金马门待诏,后来又封为郎官。

一次,武帝的乳母犯罪被判死刑,乳母向东方朔求救,东方朔对乳母说:"我去劝陛下,你会死得更快。我有办法可以救你,就是你临死前多回头看看皇上。"乳母按照东方朔的要求,一边走向刑场,一边不时回头看着武帝。东方朔这时大喊:"你这个老太婆,皇上已经长大了,不再需要你了,还看什么看。"武帝听完,觉得东方朔不是责备乳母,反倒是在责怪自己,想到乳母将自己喂养大,现在却要将她处死,确实有些过分,于是,下令赦免了乳母的死罪。

武帝好游猎,常以平阳侯的身份出去狩猎,经常踩坏百姓的庄稼,遭到百姓咒骂,还曾被当地官府扣留。武帝就想建立一个专门用来狩猎的林苑。武帝任命太中大夫吾丘寿王与待诏善于计算的两个人,计算出修建园林所圈占农田的价值,用荒地补偿农民。东方朔正好在场,就进谏说:"这太奢侈,超过了规制,上林虽小,臣以为很大。"接着为武帝分析了三点原因:

首先,修建林苑用的都是丰饶的土地,这样做夺取百姓肥沃的土地,对上来说减少国家的收入,对下来说剥夺农桑之业。

其次,修建园林,用来豢养麋鹿、狐兔、虎狼之属,却要毁坏百姓的墓冢,拆除百姓的房屋,让老弱痛苦、悲伤。

再次,修筑围墙,建立园囿,骑马驰骋,驾车驱奔,又有深沟大渠,一日游猎的乐趣对于天子的富贵来说不算什么。

分析完原因，东方朔总结说只追求苑囿之大，不体恤农时，并不是国家富强的表现。

东方朔运用自己的智慧对武帝进行劝谏，还表现在劝谏武帝公正执法上。隆虑公主的儿子昭平君娶了武帝的女儿夷安公主，昭平君既是武帝的外甥又是驸马，因此，非常骄横。隆虑公主临死前向武帝缴纳很多钱财，为儿子日后赎死罪。隆虑公主死后不久，昭平君酒后杀了公主的保姆。武帝大怒，决定杀了昭平君，但又答应过隆虑公主的请求，武帝左右为难。

这时东方朔却向武帝敬酒，武帝斥责东方朔，东方朔谢罪："臣想到陛下迫于国法，斩了自己的外甥，心里悲痛，臣希望用酒来化解陛下的悲痛。"

东方朔除了经常对武帝进行劝谏，还是西汉著名的辞赋家，作品有《答客难》《非有先生论》等。

国舅李延年通音律

李延年是武帝时著名的音乐家，出生于倡优之家，家人皆精通音律。李延年少时触犯法律遭受宫刑，后来进宫做了养狗的太监，由于能歌善舞，因此得到武帝的赏识。

一次，李延年创作了一首新曲："北方有佳人，绝世而独立，一顾倾人城，再顾倾人国。宁不知倾城与倾国，佳人难再得。"武帝听后陶醉其中，禁不住问道："世上真有这样倾国倾城的美人吗？"武帝的姐姐平阳公主对武帝说："李延年的妹妹就是这样倾国倾城的美人。"武帝连忙让人召李延年的妹妹入宫，后成为武帝十分宠爱的李夫人。

李延年因妹妹的得宠也升任为专门管理乐器的"协律都尉"。李延年擅长乐曲创作，他的作曲水平非常高，当时很多文人像司马相如都曾请他为自己的辞赋文章配曲。李延年还为武帝创作了用于皇室祭祀的《郊祀歌》十九首。

李延年除了创作乐曲还改编、整理了不少乐曲。李延年将张骞从西域带回了的《摩诃兜勒》改编成二十八首新曲，作为乐府仪仗之乐，这是我国文献记载上最早标明作者和乐曲名的作品。

李延年还将乐府搜集的民间音乐进行整理，改编后成为深受广大民众欢迎的民乐，这对民间乐舞的发展起到了很大的推动作用。

李延年在音乐上的主要贡献是促进了汉代音乐风格的形成，对我国音乐的发展产生了重要影响。

李夫人虽然得宠，但是不幸早卒。李夫人死后，武帝特别思念她，用皇后的礼仪进行安葬。随着李夫人的去世，武帝对李家的宠信也渐渐淡薄。李夫人的弟弟李季却还不知收敛，不但胡作非为，还淫乱后宫。武帝大怒，将李季判处死刑。李延年也受到牵连，被关进大牢。

后来武帝生病，有人告发丞相刘屈氂的妻子使用巫蛊诅咒武帝，同时还告发李广利出征匈奴前与刘屈氂密谋拥立昌邑王为太子。武帝大怒，将刘屈氂腰斩，刘屈氂的妻儿斩首，逮捕李广利的妻儿。正在与匈奴作战的李广利得知消息后投降了匈奴，武帝下令处死了李家所有人。

李延年被武帝赏识，在音乐上做出了重要贡献，但受兄弟之过的连累，不得善终。

杀妻立子遗诏托孤

巫蛊之祸刘据被迫自杀后，太子之位一直空着。武帝一生虽然妃嫔众多，但儿子只有六个，且齐王刘闳早逝，新太子人选只剩下了四个。四个儿子之中，燕王刘旦年龄最大，刘旦博学有谋略，性格很像汉武帝。武帝晚年认识到自己好大喜功带来的弊端，因此，担心刘旦会重蹈自己的覆辙，找个理由断了刘旦争太子的念想。

刘旦的弟弟广陵王刘胥不学无术，胡作非为，根本不在武帝考虑之列。昌邑王刘髆自幼身体不好，武帝也将他排除了，刘髆与武帝同年过世。

现在就只剩下钩弋夫人所生的小儿子刘弗陵了，刘弗陵身体壮实，又很聪明。武帝十分宠爱刘弗陵，常对左右说刘弗陵最像自己，有意立他为太子，但又担心他太年幼，一直犹豫不决。武帝后来决定选择一位可靠的大臣辅佐刘弗陵，最后选中了光禄大夫霍光，命人画了一张"周公背成王朝见诸侯"图，赐给霍光。

武帝同时担心钩弋夫人年轻，会临朝听政，重演吕后专权的悲剧。武帝虽然宠爱钩弋夫人，但为了大汉天下着想，为了彻底清除太后专权的隐患，最后决定赐死钩弋夫人。钩弋夫人就这样不明不白地被武帝赐死了。

武帝处死钩弋夫人后，第二年春天武帝到五柞宫游览，准备返回皇宫的时候，突然病重。武帝临终前留下遗诏，立刘弗陵为太子，任命霍光、金日䃅、上官桀、桑弘羊和田千秋共同辅佐幼主，擢升霍光为大司马大将军，金日䃅为车骑将军，上官桀为左将军。

武帝为了保证年幼的刘弗陵顺利登上帝位，弥留之际才确立太子的地位。公元前87年，武帝驾崩后，霍光等顾命大臣立即采取措施，加强皇宫戒备，将八岁的太子刘弗陵扶上皇帝之位，即汉昭帝。

霍光辅政稳定汉室

霍光，字子孟，是霍去病同父异母的弟弟。霍光处事稳重，很受武帝赏识，辅佐武帝长达三十年。武帝临终留下遗诏，让其辅佐年幼的刘弗陵，霍光担任大司马大将军，位列三公之上。汉昭帝继位后，霍光全力辅佐。

霍光辅政后，上官桀打算让自己年仅六岁的孙女嫁给汉昭帝做皇后，被霍光拒绝。上官桀在盖长公主的帮助下，还是让自己的孙女当上了皇后。上官桀后来又想封盖长公主的亲信为侯，再次被霍光拒绝。上官桀与盖长公主串通燕王刘旦陷害霍光。

汉昭帝十四岁的时候，霍光在一次巡查完羽林军后，调了一名校尉到自己府上。上官桀以此为借口，伪造燕王奏章送给汉昭帝。霍光第二天上朝时，听说燕王状告自己私调校尉有阴谋，吓得跪地谢罪。汉昭帝对霍光说："将军无罪，朕知道奏疏是伪造的。"霍光问："陛下如何知道？"昭帝说："将军巡查羽林军，调校尉不足十日，燕王远在外地如何得知？将军若要谋反，没必要调一个校尉。"

霍光与群臣听后，非常佩服这位小皇帝的聪慧。后来上官桀的党羽诬陷霍光，昭帝大怒："大将军乃是忠臣，且是先帝托付他辅佐朕，再有人诋毁大将军一律治罪。"之后，上官桀等人不敢再诬陷霍光，却密谋让盖长公主置办酒宴邀请霍光，然后埋伏士兵杀掉霍光，废除昭帝，迎立燕王。事情败露，上官桀父子、桑弘羊等被诛灭全族，燕王、盖长公主自杀。此后，霍光独自辅政，政权逐步稳定下来。

霍光辅政期间，继续推行武帝末年恢复实行的休养生息政策。昭帝在位十三年，"百姓充实，四夷宾服"，社会经济得到了恢复和发展。

公元前74年，昭帝驾崩，却无子。这时武帝的儿子中只剩下广陵王刘胥，但刘胥无德，武帝立太子之时都未曾考虑过他。霍光与大臣和皇太后商议后准备迎立武帝之孙昌邑王刘贺。

但刘贺即位后"荒淫无行,失帝王礼宜,乱汉制度",霍光很是忧愤,与群臣商议后,将刚登上皇位二十七天的刘贺废除。正当霍光为新的皇帝人选发愁之际,光禄大夫邴吉建议迎立巫蛊之祸中流落民间的武帝曾孙刘病已为皇帝。刘病已德才兼备,被迎接回宫,继承皇位,即汉宣帝。宣帝继位后,霍光继续担任辅佐大臣。至此,汉朝宗室再次稳定下来。

公元前68年,霍光病故。

霍光历经武帝、昭帝和宣帝三朝,官至大司马大将军,辅佐汉室,忠心耿耿,确保武帝死后大汉王朝的稳定与发展。

民间天子中兴大汉

汉宣帝,原名刘病已,祖父为太子刘据。巫蛊之祸时,刘病已尚在襁褓,也被打入大牢。武帝当时曾下令处死大牢里的全部罪犯,在廷狱史邴吉的极力辩护下,武帝才撤销诏令。刘病已在邴吉的关照下,得以存活。

五年后,武帝大赦天下,让曾在刘据手下为官的张贺抚养刘病已,并将刘病已的名字列入皇家族谱。后来,刘病已给自己改名刘询,刘病已聪慧且勤奋好学,由于生长在民间且经历坎坷,因此,为人稳重,谦逊有礼。

宣帝继位时已有十八岁,霍光打算归政于宣帝,但宣帝很清楚宫廷夺权之事,因此,对拥立自己的霍光表现得十分尊重,数次拒绝,直到霍光病故,宣帝才正式掌权。宣帝掌权后,为了巩固政权,清除霍氏在朝廷的势力,将霍氏灭族。

宣帝自幼便生活在民间，了解民众的疾苦，因此，宣帝重视农业生产，轻徭薄赋，抑制兼并。为了改变"富者田连阡陌，贫者无立锥之地"的现象，宣帝先后三次下诏迁徙豪强到平陵、杜陵等地，然后将他们的土地分给无地或者少地的贫民。宣帝继续推行昭帝时期轻徭薄赋的政策，免除受灾地区的租赋。宣帝鼓励各级官吏以劝课农桑、发展生产作为首要政务。为了减轻百姓生活的负担，宣帝还下令降低盐价。在宣帝统治后期，农业发展，经济繁荣，谷价是汉朝建立以来的最低价。

宣帝在位期间，大力整饬吏治，惩治贪污腐败。宣帝对于郡国官员的任用非常慎重，先由朝中大臣举荐，然后亲自考核，对于政绩突出的官员也不随意升迁，而是给予其他方面的奖励和肯定。宣帝知道百姓痛恨贪腐官员，对于不法官吏皆从严处理。

宣帝继位第二年，对匈奴发动了汉朝有史以来规模最大的一次战争，出动兵马十六万，分五路攻打匈奴，同时派常惠节制乌孙骑兵，夹击匈奴。经此一役，匈奴大败，俯首称臣。匈奴降后，被匈奴控制的西域各国纷纷来降，宣帝派郑吉收降，设置西域都护，经营西域，至此，匈奴完全臣服，西域诸国尽归汉朝。西羌之人勇猛好战，经常侵扰边境，宣帝派赵充国前去征讨，两年后平定了西羌。

宣帝执政期间，发展生产，整顿吏治，安定边疆，使汉朝国力大增，经济繁荣，使汉朝出现了中兴的局面，后世将昭帝和宣帝统治时期称为"昭宣中兴"。

宣帝下诏故剑情深

宣帝由于生长于民间这一特殊的经历，深谙人情世故。刚刚登上皇位的宣帝知道自己在朝中没有任何势力，对于辅政大臣霍光更是表现得万分尊重，所有的奏折均让霍光先看，所有的政策都让霍光定夺。但只有一件事，宣帝坚持己见。

宣帝在民间时已经娶妻生子，妻子是掖庭暴室属官许广汉的女儿许平君。许平君勤劳贤惠，与宣帝相依为命，非常恩爱，婚后第二年生下一子，即后来的太子刘奭。就在这一年，昭帝刘弗陵驾崩，宣帝顺利继位。宣帝继位后，封妻子许平君为婕妤。此时，霍光已是位高权重，大臣都建议汉宣帝娶霍光之女霍成君，册封霍成君为皇后。

宣帝想立与自己患难与共的许平君为皇后，又不想公然拒绝大臣的建议，于是，给群臣下了继位以来的第一道诏书。宣帝在诏书中说："朕在贫微之时用过一把旧剑，现在我非常怀念它，众爱卿是否能帮我找回它？"大臣们一看诏书，立即明白了宣帝的意思，这是不忘结发之妻啊。于是，联合上书请立许平君为皇后。

霍光的妻子霍显是个权力欲极强的女人，一心想让女儿霍成君做皇后，便想尽办法迫害许平君。公元前72年，许平君怀孕生下一女，霍显指使女医淳于衍给许平君的汤药中加入一味附子，使许平君中毒身亡。

许平君死后，飞扬跋扈的霍成君终于当上了皇后。宣帝虽然不喜欢霍成君，但迫于霍光在朝廷的势力，只得对她百依百顺。公元前68年，霍光病逝，宣帝开始逐渐将权力收回。霍成君并无子嗣，公元前67年，宣帝立刘奭为太子。霍显非常愤怒，让霍成君毒杀太子，多次下毒并未成功。

公元前66年，霍家发动政变未遂，被灭族。宣帝以企图毒害太子为由废掉霍成君。至此，霍家势力终于被清除，宣帝也算为许平君报仇雪恨了。

贤相邴吉外出问牛

邴吉，字光卿，自幼学习律法，后任狱吏。巫蛊之祸时，曾力护宣帝，在狱中照顾了五年，可谓宣帝的救命恩人。邴吉做事尽职尽责，得到霍光赏识，逐渐升为御史大夫。刘贺被废之后，邴吉建议迎立流落在民间的刘病已。宣帝继位后，邴吉并未对宣帝提起自己在狱中对宣帝的保护和照顾，只被封为关内侯。

后来，有人上书说在狱中养育过宣帝，并说邴吉可以作证。宣帝召邴吉问明情况，才知道邴吉对自己有恩。宣帝认为邴吉有功不夸耀，是个贤德之人，下令封其为博阳侯，并让其出任丞相。邴吉数次拒绝，宣帝说："朕册封你，并不是为了报答你的恩情，只给你一个虚名，你却归还侯印，会让天下人说朕没有德行的。"邴吉不得不接受册封。

邴吉任丞相后，待人宽容，不为小事责难下人。邴吉的车夫爱喝酒，一次醉酒吐在了车上，主吏报告邴吉，要将车夫辞退。邴吉说："因为喝醉酒被辞退，以后就没有人让他驾车了，只不过弄脏了车垫，就不要追究了。"

一次，邴吉外出，路上有人打架，堵塞了道路，邴吉并不过问绕道而行。后来看到有人在追赶一头牛，邴吉连忙让车夫停车，派人询问牛跑了多远。随从感到疑惑，忍不住问邴吉，邴吉说："百姓打架斗殴，归长安令、京兆尹管理，我作为丞相，主要是考察他们的政绩，上报给皇帝，由皇帝对他们进行赏罚。丞相不需亲自过问小事，更没必要在路上审问他们。现在初春天气还不热，这头牛如果没跑多远就气喘吁吁，恐怕今年的气候反常，对农业生产不利。这才是我该担心的事情，所以派人询问。"随从听后，大为佩服。邴吉问牛的故事被广为传颂，成为关心民间疾苦的象征。

邴吉作为宣帝的得力助手，深知自己的职责是辅助皇帝处理事务，非常关心民间疾苦和百姓的生活。邴吉任职期间，官吏尽职敬业，社会清明，得到百姓的爱戴。

西汉：承袭秦制　开创盛世 ▶▷

傅介子计斩楼兰王

　　武帝时期，虽多次打败匈奴，但匈奴也未臣服汉朝，在西域一带的势力双方旗鼓相当。西域的楼兰国派出王子在汉朝为人质的同时，也派一位王子到匈奴为质子。武帝后期，楼兰国王病逝，匈奴先派质子回国继承王位，新国王对匈奴更亲近，拒绝到汉朝觐见。

　　楼兰国多次劫杀到汉朝来的安息和大宛使臣，汉朝的使者和大臣也在楼兰国被杀。昭帝下诏让正在前往大宛的傅介子处理此事。傅介子到楼兰后，责问楼兰王教唆匈奴使者劫杀汉使之事。楼兰王表示认罪并说："匈奴使者已走，应该是到乌孙，途中经过龟兹。"傅介子到龟兹，又责备龟兹王，龟兹王亦认罪。傅介子从大宛回到龟兹，匈奴使者正好从乌孙回来，傅介子率领士兵斩杀了匈奴使者。回到朝廷，昭帝任命傅介子为中郎，升平乐监。

　　傅介子对大将军霍光说："楼兰、龟兹反复无常，必须加以惩戒。龟兹王很好接近，容易得手，我愿意去刺杀他，以此来警示其他国家。"霍光认为龟兹太远，建议先去楼兰试试。

　　公元前77年，傅介子和士卒携带很多金币以赏赐外国为名从长安出发。傅介子到达楼兰后，楼兰王对傅介子并不友善。傅介子假装离去，到西部边界的时候，让翻译回去对楼兰王说："汉朝使者带来黄金、锦绣赐给各国，大王不来接受赏赐，就去赏赐给其他国家了。"傅介子说完拿出金币给翻译看。

　　翻译回去报告给楼兰王，楼兰王贪恋汉朝的财物，就来见汉朝使者。傅介子与楼兰王一起饮酒，将财物拿出给楼兰王看。酒喝多的时候，傅介子对楼兰王说："天子有事让我私下里报告给大王。"楼兰王跟随傅介子进入帐中，屏退下人，二人单独交谈，两个壮士从后面刺中楼兰王，楼兰王当场毙命。楼兰国的贵族和大臣各自逃散。傅介子告诫他们："大王有罪于汉朝，天子派遣我来诛杀大王，改立在汉朝为质子的太子为王。汉朝大军刚到，你们不要轻举妄动，否则，就将你们的国家灭掉。"

傅介子带着楼兰王的首级回到京师，公卿、将军都称赞傅介子的功劳值得嘉奖。昭帝下诏封傅介子为义阳侯，食邑七百户，刺杀楼兰王的两个士卒升为侍郎。

傅介子斩杀楼兰王，极大地震慑了西域各国，使他们不敢再挑战汉朝的权威，增强了汉朝在西域的影响。

赵充国屯田定西羌

赵充国，字翁孙，陇西人，因善骑射被调入羽林军。赵充国在武帝时期多次参加抗击匈奴的战争，总是身先士卒，奋勇杀敌，受伤二十余处。武帝亲自召见，拜为中郎，升迁为连骑将军长史。昭帝时，以赵充国为大将军、护军都尉率兵出击平定氐人反叛。昭帝去世后，赵充国参与迎立宣帝，被封为营平侯。

光禄大夫义渠安国出使羌族各部后，报告宣帝说先零羌族请求渡过湟水，在无人耕种的荒地放牧。赵充国认为先零羌有诈，上书反对，宣帝拒绝了先零羌的请求。不久，先零羌渡过湟水，又联合羌族其他部落在汉朝边境掳掠，郡县禁止不了。

公元前61年，宣帝决定派兵平定羌族的叛乱。当时赵充国已经七十六岁的高龄，宣帝认为赵充国年纪太大，就让邴吉去问谁适合出征。赵充国说："没有比我更合适的人了。"

赵充国率军前去平叛,到达金城后立即渡过黄河,继续西进,到达都尉府安营扎寨。赵充国认为羌人骁勇善骑射,汉军远道而来,人困马乏,每当羌人前来挑战,赵充国总是坚守不出战,以此耗其锐气。为了瓦解、招降羌族,赵充国恩威并施,禁止士兵无故斩杀羌人,禁止烧毁其牧场,许多羌族部落纷纷投降。

公元前61年,赵充国率军攻打先零羌,由于放松警惕,戒备不严,先零羌惊慌失措之下纷纷溃逃。此战共收降一万人。

宣帝认为赵充国破敌速度缓慢,派多名大将前来协助,经过一番激战,斩杀和招降羌军一万多人,羌族自此元气大伤。宣帝命令其他军队返回汉朝,赵充国继续留守边境。

此时,赵充国已经卧病在床,无法率军出战,便上书宣帝,建议在边境屯田。赵充国在奏疏中详细列出了士兵和牛马等每月的费用,这些费用增加了百姓的徭役。驻守之地有大量未开垦的田地,让士兵开垦种植,可以自给自足,为国家节省军费开支。赵充国的提议遭到朝中不少官员的反对,赵充国先后三次上书,宣帝最后接受了赵充国的提议。

公元前60年,先零羌统领被部下杀死,大部分将士投降汉朝。汉朝彻底平定了羌族的叛乱。

赵充国于公元前52年因病去世,享年八十六。宣帝赐以"壮侯"的谥号,且命人在未央宫画上赵充国的像,以纪念他的盖世之功。

元帝柔懦汉室始衰

汉元帝，即宣帝之子刘奭。元帝"柔仁好儒"，为太子时，便对宣帝重用法家思想官吏，以刑法惩治属下不满。一次，陪宣帝用餐时说："陛下用刑太深，应该多用儒生。"宣帝变了脸色，不禁感叹道："乱我家者，太子也！"宣帝此后开始疏远太子，宠爱淮阳王。宣帝有意立淮阳王为太子，但因感念许平君的恩情，最终没有废掉太子。

公元前49年，宣帝驾崩，刘奭继位。元帝登基后，重用儒臣萧望之、周堪等，引起史高的不满。后来萧望之建议元帝不要让宦官掌管中书，引起中书令弘恭、石显的嫉恨。作为外戚的史高与宦官石显等联手与以萧望之为代表的儒臣正式展开权力的争夺。元帝软弱缺乏主见，遇事犹豫不决，在这场权力的争夺中，萧望之败北，被迫饮鸩自杀。元帝虽然痛心，但并未惩罚逼死自己师傅的宦官和外戚。元帝认为宦官没有家室，不会像外戚那样勾结"外援"，因此，更加宠信宦官。元帝的纵容，导致宦官专权乱政。

元帝继位后，郅支单于认为远离汉朝，又怨恨汉朝支持其仇敌呼韩邪单于，就勾结康居王，向西域扩展势力，威胁到汉朝在西域的统治。公元前36年，西域太守发动对郅支单于的攻击，消灭了郅支单于在西域的势力。

元帝时，呼韩邪单于因畏惧汉朝，向元帝请求娶汉朝女子为妻，元帝为了巩固汉匈之间的关系，让宫女王昭君嫁给了呼韩邪单于。汉朝和亲多为公主，王昭君是第一个平民出身的和亲女子，对汉匈关系的缓和做出了重要贡献。

公元前33年，在位十六年的元帝在未央宫病死，葬渭陵。

《汉书》认为元帝多才多艺，且"宽弘尽下，出于恭俭，号令温雅，有古之风烈"。但也指出其缺陷，那就是"优游不断，孝宣之业衰焉"。

元帝在位期间，汉朝虽然还算强盛，但由于他本人性格软弱，又宠信宦官，导致朝纲混乱，使汉朝从此开始走向衰落。

石显受宠宦官专权

　　石显，字君房，济南人，年轻时因触犯法律受宫刑，后来进宫当了太监。宣帝时，石显任中书官，恭敬有礼，精通律令，善于请奏，能称其职。元帝即位数年，中书令弘恭死，石显接替中书令。

　　当时，元帝生病，不能亲理政事，便将政事交于石显处理，对石显非常信任。石显权倾朝野，百官都很敬畏石显。石显为人聪慧，善于察言观色，但内心阴狠毒辣，睚眦必报。

　　元帝的师傅萧望之建议元帝不可亲近宦官，元帝不听。石显对萧望之却怀恨在心，找人诬陷萧望之，使萧望之被迫自杀。

　　石显虽然已经大权在手，仍想不断加强自己的实力。石显见冯奉世父子皆为公卿，女儿为昭仪，便想拉拢冯奉世。石显建议元帝重用冯昭仪的兄长冯逡。元帝召见冯逡，欲任命其为侍中，冯逡却对元帝说石显专权之事。元帝大怒，不再任命冯逡。石显得知此事后，痛恨冯逡。后来朝臣举荐冯逡之兄冯野王补任御史大夫之空缺时，石显却对元帝说，冯野王是冯昭仪的兄长，任用冯野王，会让朝臣觉得陛下任人唯亲。毫无主见的元帝便犹豫起来，最后没有任用冯野王。

　　石显也担心元帝有朝一日任用亲信，疏远自己，便想取信元帝。石显曾到各官署征发财物，出发前先对元帝说有可能回来得晚，担心宫门关闭，无法进宫，请允许他以元帝的诏令让宫人打开城门。元帝答应了石显的请求。石显故意深夜回宫，说自己有元帝的诏令，让宫人打开城门。

　　后来果然有人上书说石显私传元帝诏令，擅开城门。元帝将上书交给石显，石显哭着说："陛下信任微臣，引起众臣的嫉妒，他们想要陷害微臣，像这样的诬陷不止一次了。幸好皇上圣明，知道臣是被冤枉的。微臣愚钝，不能让所有人满意，臣愿辞官，到后宫洒扫，希望陛下哀怜臣下，让小臣活命。"元帝因此更加信任石显,还多次赏赐他大量的金银财宝。

元帝驾崩后,成帝即位。成帝将石显调为长信中太仆,不信任宦官,石显自此失势。朝中大臣也开始揭发他的罪行,但没有确凿的证据,无法治罪,成帝将其罢官。

石显在返乡途中,忧愤不食,因病而亡。

昭君出塞青冢留名

王昭君,名嫱,字昭君,平民出身。昭君长大后,才貌双全,琴棋书画样样精通。

公元前36年,汉元帝派人到各地选拔美女,王昭君被选中入宫。但后宫佳丽太多,元帝就让画工给宫女画像,然后挑选自己看中的宫女。许多宫女为了出人头地,就贿赂画工。王昭君没有贿赂画工,画工不满就将王昭君画的不是很好看。王昭君一直待在后宫,没有机会见到元帝。

公元前33年,呼韩邪单于请求元帝将公主嫁给他为妻。元帝答应了呼韩邪单于的请求,但不舍得公主远嫁,就决定从宫女中挑选。王昭君认为与其老死后宫,不如前往匈奴,于是同意和亲匈奴。

王昭君和呼韩邪单于离开汉朝,远赴匈奴。据说,王昭君在途中弹奏琵琶,曲调哀婉,天上南飞的大雁听到后都落在昭君周围。后世用"沉鱼落雁,羞花闭月"来形容四大美女,而王昭君就是其中的"落雁"。

昭君和亲后,其兄弟也被封侯,多次出使匈奴,与昭君见面,另一方面,呼韩邪单于十分宠爱王昭君,昭君也逐渐适应了匈奴人的生活方式。

王昭君在匈奴期间，将中原先进的文化传播到匈奴，经常劝谏呼韩邪单于不要发动战争。在王昭君的努力下，汉朝和匈奴之间的和睦关系维持了六十多年，为汉匈两族人民的团结做出了巨大贡献。

王昭君晚年思念故土，弥留之际，让子孙将自己的墓地设计成南北向，以方便眺望故乡。昭君去世后，子孙将其葬在归化郊外。王昭君的墓地青草葱葱，后人将昭君墓称为"青冢"。

昭君出塞，加强了汉族与匈奴的团结，被后世奉为和平的使者。元代诗人赵介评价王昭君的功劳时认为不亚于抗匈名将霍去病。

成帝荒淫赵氏乱政

汉成帝刘骜，元帝之子，宣帝之孙。刘骜受到宣帝的宠爱，常跟随左右。刘骜三岁时，宣帝驾崩，元帝即位，刘骜被立为太子。刘骜幼时博览经书，宽厚谨慎，但后来沉湎酒色，元帝欲废之，改立恭王刘康。由于刘骜幼时得到宣帝的宠爱，加上朝中大臣劝谏，本就优柔寡断的元帝最终没有废除刘骜太子之位。

公元前33年，元帝病逝，刘骜即位，即汉成帝。成帝继位后，尊自己的母亲王政君为皇太后，封舅舅王凤为大司马大将军。成帝最初为了稳定政局也采取了一些改革措施。

首先，削弱宦官势力。元帝时，宦官石显倚仗元帝的宠信，专权乱政。成帝通过明升暗降的方法剥夺了石显的实权，后来又将石显罢官，让其回乡养老，石显死于回乡途中。

其次，平衡朝中势力。成帝利用外戚抑制外戚，通过舅舅王凤排挤冯昭仪的弟弟冯野王，罢免许皇后的父亲许嘉的官职。

朝中势力相互攻击，明争暗斗，出现了短暂的制衡局面。没多久，王凤一派外戚势力胜出，成帝的措施虽然打击了宦官乱政，但也开启了外戚专权。汉成帝让以王凤为首的王氏集团处理政事，自己则沉湎于酒色之中。

成帝最初宠爱许皇后，王氏集团因担心另一派外戚势力崛起，经常诬陷许皇后。随着年龄的增长，许皇后容颜不再，成帝又开始宠幸班婕妤。汉成帝在阳阿公主家见到赵飞燕之后，便专宠赵飞燕。

赵飞燕又将妹妹赵合德推荐给成帝，从此，姐妹二人得到成帝的专宠。许皇后和班婕妤被成帝冷落，许皇后为了夺回成帝，对赵飞燕施行巫蛊之术，不幸被赵飞燕得知，趁机上报给成帝，还指责了班婕妤。成帝将皇后废黜。

赵飞燕被封为皇后，赵合德被封为昭仪，姐妹俩虽然得宠，却一直未能生育。成帝也担心自己无后，悄悄宠幸了其他宫女，曹氏生下一子。赵合德得知后，逼死曹氏，杀害曹氏之子，成帝为了赵氏姐妹，竟不加阻拦。之后，许美人也生下一子，成帝竟在赵氏姐妹面前亲手杀死了自己的儿子。在赵氏姐妹的迫害下，成帝未留下一个子女。

公元前7年，汉成帝死于赵合德怀中，赵合德畏罪自杀。赵飞燕则帮助成帝的侄子刘欣即位，被尊为皇太后。

成帝在位期间，不理朝政，沉溺酒色，荒淫无度，赵氏姐妹扰乱后宫。西汉王朝更加衰败下去。

哀帝断袖沉湎声色

哀帝刘欣即位后，西汉王朝已是日益衰落。哀帝"好文辞法律"且提倡节俭，登基后也曾想有所作为，改变政局上的弊端。

面对日益严重的土地兼并问题，在师丹的建议下，哀帝下令实行限田令和限奴令。该法令规定诸王、列侯、公主、关内侯和吏民占田数不得超过三十顷；诸侯王奴婢二百人，列侯、公主一百人，关内侯、吏民三十人；商人不得占有土地，不得为官。超过规定数量的，一律没入官府。这项规定虽然给地主官僚以极大的特权，但仍遭到反对。哀帝也不完全遵守该项政策，后来一次赏赐董贤两千顷田地，限田令和限奴令也就成了一纸空文。

哀帝之后颁布了多项政策法令，由于朝臣和外戚的反对，都没有实施起来。面对改革中遇到的困难，哀帝选择沉湎酒色，逃避现实。

"断袖之癖"讲的就是哀帝和董贤之间的故事。哀帝不好女色，却宠爱长相俊美的男子董贤。哀帝认为后宫的妃嫔都比不上董贤，提升董贤为黄门郎，其之后随侍哀帝左右。

一日，哀帝与董贤一同午睡，哀帝醒来时，董贤还在熟睡，哀帝想把压在董贤身下的袖子抽出，又担心惊醒董贤，就抽刀斩断了自己的衣袖，可见，哀帝对董贤宠爱之至。董贤对哀帝也是极尽逢迎和谄媚，时刻守在哀帝身边服侍，不愿回家。后来，哀帝将董贤的家室接进宫中同住，还将董贤的妹妹召进宫中封了昭仪，地位仅次于皇后，董贤的家人也都得到封赏。哀帝对董贤的赏赐更是数不胜数，甚至将进贡的物品先挑好的赏赐给董贤。哀帝还命人将董贤之墓修建在自己的陵墓旁边，希望死后也能与董贤相伴。

哀帝对董贤的宠爱已经到了无以复加的地步。有一次，在宴会上，竟然说出要学习尧舜禅让，将帝位让给董贤。哀帝此语一出，群臣惊呆了，中常侍王闳当场反对，哀帝便将王闳赶出宴会。

公元前1年，哀帝暴毙，时年仅二十六岁。王太后让王莽处理政务，王莽上书处理董贤之事，董贤自缢而亡，王莽没收了董贤的所有家产。

哀帝在位期间，不理朝政，西汉政权已经到了岌岌可危的程度。

刘向刘歆校理群书

刘向，字子政，原名更生，皇室后裔，高祖刘邦异母弟刘交四世孙。刘歆，字子骏，后改名秀，字颖叔，刘向之子。刘向受诏校书天禄阁，历时近二十年，撰成《别录》，成为我国的目录学之祖。公元前26年，刘歆受诏与父亲刘向共同校书，公元前6年，刘向去世后，刘歆在父亲整理的基础上，完成了我国第一部系统目录学专著《七略》。

先秦时期的典籍在经历秦始皇"焚书"和秦末战争的浩劫后损失惨重。西汉建立后，不断提倡文化教育，私藏典籍不断出现，到成帝时，国家所藏典籍日渐增多，但这些典籍质量良莠不齐，对这些典籍进行编校整理就被提上了日程。

公元前26年，成帝下诏，任命刘向负责校理国家所收藏的图书。刘向与诸儒对西汉朝廷藏书进行整理，刘向校书参考多种不同的本子，相互补充，校定异同，作为定本。每一本书校定之后，刘向便为该书编写序录，最后汇总成为《别录》。

公元前6年，刘向去世，刘歆领校五经，继续父亲未竟之业。刘歆依据《别录》体例，著《六略》，为叙各家源流，著成一篇总序《辑略》，合为《七略》。在这部目录学著作中，刘歆将图书分为六大类，即《六艺略》、《诸子略》、《诗赋略》、《兵书略》、《术数略》和《方技略》，大类之下又分小类，共著录三十八种，六百零三家。《七略》原书已佚，主要内容保存在《汉书·艺文志》中。

刘向、刘歆父子经过二十多年的努力，完成了中国历史上第一次由国家组织的大规模的图书整理工作。刘向父子在整理图书过程中所采用的方法对后世影响较大，直接促进了校勘学、辨伪学、考据学等的产生。

王莽篡汉托古改制

王莽，字巨君，生于公元前45年，姑母为辅佐过四任皇帝的王政君。王莽由于父兄早逝，跟随叔父们生活，自幼勤奋好学。王氏家族是西汉最为显贵的外戚，先后共有九人封侯，五人担任大司马。正由于家族权势极大，王氏子弟多不学无术，生活奢靡，王莽却能谦逊俭朴。

王莽对于身居大司马之位的伯父王凤极为恭敬、孝顺，王凤临终前特意嘱托王政君照顾王莽；叔父王商上书要把封地分给王莽一部分；许多大臣也都上书称赞王莽。王莽因此不断升迁，权势越来越大，但却更加谦恭，得到朝野的一致认可。

哀帝驾崩后，王政君任命王莽处理政事。随后，王莽将只有九岁的刘衎扶上帝位，是为汉平帝，由王莽代为处理朝政。此后，王莽的野心开始逐渐暴露，先是在朝中排斥异己，提拔依附他的官员，诛杀反对他的官员。为了强化在朝中的势力，王莽将自己的女儿嫁给平帝为皇后。平帝长大一点，开始表现出对王莽不满，王莽便将平帝毒杀，然后，迎立只有两岁的刘婴为帝。

在王莽的授意下，希望王莽做皇帝的符命不断出现，群臣不断向太后报告。太后虽然不信，但已无力阻止，只得下诏让王莽代行皇帝之权。王莽开始称为"假皇帝"，群臣则称其为摄皇帝。王莽虽然权势早已超过真皇帝，但还是不满足做个"假皇帝"。

8年，王莽登基称帝，定国号为新，至此，西汉王朝结束。

王莽称帝后，针对当时较为严重的社会问题进行改革，王莽喜读古文经，便以经书中的理论为依据进行改革，使改革具有浓厚的复古色彩，被称为"王莽改制"。

王莽崇尚古代的井田制。因此，下令将全国土地都称为王田，归国家所有，禁止私人买卖。王莽还下令将奴婢划归为私属，不允许买卖。这两项政策最后都以失败告终。

在经济上，王莽推行五均六筦制。所谓五均就是在长安、洛阳、邯郸、临淄、宛和成都六个城市设立五均官，负责管理市场，平抑物价，办理赊贷，征收赋税等。六筦就是对酒、盐、铁实行专卖，铜冶、钱币由国家铸造，山川也归国家管理，再加上五均赊贷，这六种关系国计民生的事业由国家管制。王莽实行这些政策的目的在于减轻对人民的剥削，增加政府收入。但是，执行政策的官吏和商人相互勾结，使得这些政策既没达到减轻农民负担的目的，政府收入也没增加。

王莽称帝后，社会上已是危机四伏，实行的一系列改制反而加速了新朝的灭亡。

农民起义危机四伏

王莽的一系列改革措施并没有取得预期效果，反而让百姓更加苦不堪言。土地兼并越来越严重，失去土地的农民沦为流民，加上接连不断的天灾，被逼得走投无路的农民纷纷起义。其中规模较大的两支起义军分别是绿林军和赤眉军。

17年，湖北荆州出现饥荒，人们因争夺野菜发生纠纷，当地有名望的王匡和王凤出来调解，得到百姓的拥护。王匡和王凤率领饥民占领绿林山作为据点，攻打附近的乡村，起义军人数不断增加。王莽派两万官兵前来围剿，被绿林军打败，绿林军趁机攻下县城，释放犯人，打开官仓，分发粮食。绿林军声威大震，投奔绿林军的农民越来越多，起义军增加到五万多人。

后来，绿林山发生瘟疫，义军只得兵分两路出山。其中王匡和王凤率领的新市兵攻打随县时，汉室宗亲刘玄、刘演和刘秀也加入了绿林军。他们打着"兴高祖之业"的口号，在绿林军中逐渐掌握了领导权。23年，刘玄被拥立为皇帝，定年号为"更始"，封王匡、王凤为上公，刘演为大司马，刘秀为太常偏将军。此后，绿林军也被称为"汉军"。

18年，樊崇率领民众在莒县起义，他们占领泰山作为据点。这支起义军没有正规的标志和旗帜，起义军首领称为"三老"，次称"事"，起义军之间相互称"巨人"。起义军纪律严明，得到百姓拥戴。22年，王莽派太师王匡和将军廉丹率十万大军围剿樊崇的起义军。樊崇为了让士兵区别于王莽的军队，让起义军把眉毛涂成红色。后来，樊崇的这支起义军被称为赤眉军。这场大战中，王莽军队战败，王匡败走，廉丹战死。起义军已发展到十多万人。后来，吕母率领的起义军有一部分加入樊崇义军，使赤眉军的队伍更加壮大。

不久，樊崇带领赤眉军归顺刘玄，与绿林军一起对抗王莽。在各地起义军的打击下，王莽的统治完全崩溃，新朝政权已是岌岌可危。

东汉：强行『续命』风雨飘摇

刘秀复汉定鼎洛阳

刘玄称帝后，派王凤、王常和刘秀攻打昆阳，攻下昆阳后，又攻取了定陵、郾城等，接着，准备攻打宛城。起义军势如破竹，给王莽政权以沉重打击。

此时的王莽已是寝食难安，为了消灭绿林军，王莽调集精兵四十二万，号称百万大军，由王寻、王邑率领，直奔昆阳而来。

面对数十倍于己的兵力，王凤冷静分析了当时的形势，认为应该坚守昆阳，拖住敌人，为正在围攻宛城的绿林军赢得战机。同时利用王莽军队还未严密包围昆阳之机，派刘秀、李铁等人突围去定陵、郾城求援。

骄横的王邑将昆阳围得水泄不通。昆阳虽小，城池却很坚固，加上起义军严防死守，王莽军队用尽办法就是攻不进城。

刘秀等人到达定陵、郾城后，说服驻军，召集一万多军队奔赴昆阳。刘秀率领一千多先锋军回到昆阳，将王莽军队杀了个措手不及，接着，刘秀率领三千多人冲进王莽军的要部。王寻率领一万大军迎战刘秀，却败给了刘秀。汉军士气更加高涨，王寻队伍混乱不堪，混战中，王寻被杀死。昆阳城内驻军见王莽军败逃，全军杀出，王莽军队乱作一团。这时，天气突变，狂风暴雨，军中士兵、猛兽相互踩踏，死伤无数。

昆阳之战击溃了王莽的主力军，王莽政权的覆灭已是不可避免。

刘玄称帝后不久，就开始整日在后宫饮酒作乐，迫害起义军首领，使将领之间的分歧越来越大。

刘秀被刘玄派去攻打黄河以北的郡县。刘秀为了取得民心，释放囚犯，废除苛捐杂税。刘秀打败在河北称帝的王朗后，刘玄封刘秀为萧王，让刘秀率部回长安。刘秀的手下劝刘秀不要再听命于刘玄。刘秀以河北尚未平定为由，没有回长安。后来，刘秀趁赤眉军与刘玄激战时，攻打铜马义军，俘获铜马义军首领，收编其部队，刘秀的军队更加壮大。

25年，在部将的劝说下，刘秀称帝，定年号"建武"。同年秋天，刘秀率部攻下洛阳，并以洛阳为都城，此后的汉朝被称为东汉，刘秀被称为光武帝。

刘秀称帝时，西有更始政权，东有赤眉军，此外，还有刘永、隗嚣、公孙述等大大小小的割据势力分布在各地。接下来的十年里，光武帝先后消灭了各地的割据势力，实现了全国的统一。

36年，光武帝最终完成兴复汉室的任务，成为东汉的开国皇帝。

阴丽华贤惠获封后

阴丽华是刘秀的原配妻子，出身于名门望族。她不但貌若天仙，还很有自己的思想，拒绝了当地很多世家大族的提亲。刘秀虽为高祖刘邦的九世孙，但早已家道中衰，不过刘秀品行高尚，为人宽和，乐于助人，在当地也有一定的名气。刘秀对阴丽华的美貌也是早有耳闻，但是不敢贸然去提亲。

后来，各地起义不断，刘秀参加了反抗王莽的义军。刘秀有勇有谋，立下无数战功，名声越来越大。这时，刘秀麾下的阴氏兄弟认为刘秀是个有才华的人，就说服家人将阴丽华嫁给了刘秀。然而新婚不久，刘秀被派去平定河北的割据势力，不得不把阴丽华送回娘家。

为了铲除势力较大的王朗，刘秀不得不求助另一支势力较强的军阀刘扬，在刘扬的要求下，刘秀娶了他外甥女郭圣通。郭圣通也是才貌双全，刘秀慢慢对她也产生了感情。在刘秀称帝的那年，郭圣通为刘秀生下一子。

定都洛阳后，光武帝派人接来了阴丽华。光武帝并不是一个喜新厌旧之人，毕竟阴丽华是他的结发妻子。登基后的第二年，光武帝打算封阴丽华为皇后。阴丽华认为郭圣通有了儿子，就让光武帝封郭圣通为后。光武帝被阴丽华的宽厚打动，就封阴丽华做了地位仅次于皇后的贵人。

后来，刘扬发动叛乱，光武帝就想趁机废掉郭圣通，立阴丽华为皇后。阴丽华还是谢绝了，并劝光武帝说，刘扬反叛，皇后并没有过错，且当年皇上有困难的时候，郭家给了您很大的帮助。光武帝接受了阴丽华的建议。

后来，阴丽华的弟弟被盗贼劫持，官府捉拿盗贼时，盗贼将阴丽华的弟弟杀死。光武帝为了安慰阴丽华，下诏对阴家进行封赏，还让官员去慰问，并且在诏书中提到了阴丽华拒绝做皇后一事。

郭圣通知道此事后，不但不感激，还处处为难阴丽华。阴丽华却能以大局为重，不加计较。光武帝对阴丽华的品性更加赞赏，愈加疏远郭圣通。

后来，光武帝实在不能容忍郭圣通的行为，认为其没有皇后之德，下诏废除其后位，册封阴丽华为皇后。被封为皇后之后，阴丽华并没有因为郭圣通过去的刁难而对其报复，反而劝慰、安抚郭圣通和郭家。光武帝也下诏对郭家进行封赏。郭圣通是中国历史上唯一一位被废之后还受到尊敬的皇后。

阴丽华一生贤惠，对于朝政之事从不干涉，还想法限制自己家族的势力。阴丽华是后世公认的贤后。

柔道治理光武中兴

光武帝统一天下后，勤于政事，采用"柔道"治理国家，与民休息发展经济，缓和阶级矛盾的同时也加强君主的权力。

光武帝为了稳固政权，加强君主专制，对功臣良将进行封赏的同时，不允许他们干政。鉴于西汉后期外戚和宦官专权的危害，光武帝限制诸侯王和外戚的权力。为了强化皇权，精简地方机构和官员，全国政务都由尚书台处理，还提升监察机构的地位和权力。

西汉后期社会问题严峻，王莽新朝后期起义不断，连年战争的破坏，使得经济凋敝，民不聊生。东汉建立后首要的任务就是恢复发展经济。为了发展生产，光武帝先后九次下诏释放奴隶，为生产发展提供了劳动力。还将农民的田租由十税一改为文景时期的三十税一，大大减轻了农民的负担。

王莽改制时禁止土地买卖，不久即告失败，土地兼并现象依然存在。东汉又是在豪强势力的支持下建立的，随着豪强势力的发展，土地兼并越来越严重。为了增加政府收入，光武帝下令重新丈量全国土地，核实户口，作为征收赋税的依据，这项政策被称为度田。在清查隐瞒土地和人口的豪强地主时，遭到他们的抵抗，光武帝采取镇压与安抚相结合的手段处理作乱首领，将他们迁往别的郡县，重新分给土地。度田制后来成为东汉的定制。

光武帝提倡节俭，并且身体力行。光武帝自己不穿华丽的服饰，不观赏妖娆的歌舞，不修建豪华的宫殿，不组织耗费钱财的狩猎。还下令禁止官员进献珍宝，在全国推行薄葬等。

光武帝崇尚儒教，在洛阳设立太学，亲自参与讲学，鼓励博士认真研习。为了表示对孔子的尊敬和推崇，让大臣去祭拜孔子等。

为了减轻战争带给人们的伤害，光武帝否决了大将马武提出的攻打匈奴的建议，采取与少数民族和解的政策。光武帝还将军队进行精简，让年轻的士兵回乡种地，不仅减少军队的开支，还为农业的发展提供了劳动力。停止战争，休养生息为东汉经济发展提供了稳定的环境。

光武帝在推行了一系列有利于政权稳定，经济发展的措施，使得社会稳定，人们的生产积极性也随之提高，社会经济很快得到恢复。后世将这一时期称为"光武中兴"。

伏波将军马革裹尸

伏波将军马援，字文渊，东汉开国功臣。马援的祖先是赵国大将赵奢，因赵奢被赐封号"马服君"，故其后人改姓马。

马援最初投靠的是陇西的割据势力隗嚣。曾多次劝隗嚣归附刘秀，隗嚣归顺刘秀后没多久就离开了，继续称霸陇西，马援则继续跟随刘秀。

32年，刘秀率军征伐隗嚣，部队到达漆县时，有些部将认为应先探明情况，不宜直接深入敌处，刘秀此时也是犹豫不决。马援则认为隗嚣部下已是人心不稳，现在正是进攻的大好时机。随后，马援用米堆出陇西的地形图，分析进军路线等。只此一役，隗嚣大将与兵士十余万人不战而降，主力基本被消灭。

新朝末年，中原混战，羌族又开始在边境侵扰。35年，光武帝任命马援为陇西太守，抵御羌族入侵。马援在临洮击败先零羌，斩杀数百人，收获牲畜一万多头。其余守塞羌人全部归降。37年，武都参狼羌与塞外部落联合发动叛乱，杀死当地官吏。马援率军前去平叛。马援安营扎寨后，先是切断羌人的水源，控制草地。羌人失去水草，陷入被动，叛乱首领只得率大军逃亡塞外，余下一万多人全部投降。

41年，交趾女子征侧率众反叛，并自立为王，公开与东汉决裂。光武帝任命马援为伏波将军前去平定征侧的叛乱。42年春，马援在浪泊大败叛军，杀敌数千，降者万余。马援乘胜追击，多次打败征侧。43年，将征侧斩杀。马援因功被封为新息侯，食邑三千户。后来，马援继续攻打征侧的残部，将东汉疆域进一步扩大。

马援得胜回朝，亲友纷纷祝贺。其中一个叫孟翼的，也对马援表示恭贺。马援听后对孟翼说："你怎么也与众人一样，只是说些恭维的话？武帝时伏波将军路博德开置七郡，才得封地数百户，我的功劳微不足道，封地达三千户，怎么能长久呢？先生为何不对我进行指教？"孟翼自认愚昧，不如马援。马援接着说："现在匈奴、乌桓还在北部骚扰，我要向皇上请战。男儿当战死沙场，以马革裹尸还葬。"马革裹尸即出自马援之口。

后来，马援北上攻打匈奴、乌桓，乌桓得知马援大军到达，立即撤兵。

南方武陵郡五溪叛乱，光武帝两次派兵前去围剿均失败。这时，已经六十二岁的马援请求出战，光武帝以其年老为由拒绝了。马援以自己还能披甲上马再次请战，光武帝答应了马援的请求。

马援第一次出战大败叛军，但不幸染上瘟疫，病死军中。马援遭人诬陷，说其指挥失误。光武帝派去查明情况的梁松与马援不和，诬陷马援贪污，作战失利等。光武帝大怒，削去马援的爵位。马援的妻子六次上书，终为马援平反。

马援一生为东汉鞠躬尽瘁，马革裹尸的精神为后人称赞。

东汉：强行"续命"　风雨飘摇 ▶▷

宋弘忠正不弃糟妻

宋弘，字仲子，长安人。西汉后期及王莽新朝时曾在朝内为官。后来，赤眉军打进长安时，派使者召见宋弘，宋弘经过渭桥时，跳河自杀，被家人救出。宋弘因此装死免于被召。东汉初，宋弘官至大司空。

光武帝曾向宋弘询问学识渊博之人，宋弘推荐了桓谭，认为桓谭可与扬雄、刘向父子相比。光武帝任命桓谭为给事中。每次宴会，光武帝就让桓谭弹琴。宋弘知道后心中不悦，等桓谭出来，就穿着朝服召见桓谭，责备桓谭不该在皇帝面前多次弹奏扰乱正音的乐曲，告诉桓谭要做一个正直的人，要用道德来辅助皇上。后来光武帝大宴群臣，让桓谭弹琴，桓谭看到宋弘，不知如何是好。宋弘向光武帝谢罪说："我推荐桓谭的目的是辅佐皇上，他却让陛下喜听郑乐，是我的罪过。"光武帝向宋弘道歉。

一次，光武帝召见宋弘，谈话期间多次回头看屏风上的美人画像，宋弘郑重地说："没有见过喜好美德如同喜好美色的人。"光武帝让人撤掉屏风，对宋弘说："合乎道义的话就听从，可以吗？"宋弘回答道："陛下提高了品德修养，臣下非常高兴。"

光武帝的姐姐湖阳公主的丈夫刘黄刚去世，光武帝就想帮姐姐挑选一位合适的人，就同她一起讨论群臣，以便了解她的想法。湖阳公主说："宋弘相貌品行，朝中大臣无人能及。"光武帝知道了公主的想法，就召见宋弘，让公主在屏风后面观察。光武帝对宋弘说："俗话说人尊贵了就会换朋友，富足了就会换妻子，这是人之常情吧？"宋弘说："我听说贫贱之交不可忘，糟糠之妻不下堂。"光武帝听到宋弘的话，知道宋弘不会抛弃结发之妻。

宋弘品行高尚，为人忠正，为官清廉，多次向光武帝直言进谏，得到光武帝的信任和器重。

"强项令"董宣斗公主

董宣，字少平，河南人。董宣为人正直，执法严明，不徇私情，不避权贵，被光武帝称为"强项令"。董宣执法刚正不阿，经常遭到权臣的陷害而被贬官。董宣先是治理北海，后来降职为怀县县令，又调为江夏太守。

京都洛阳聚集着皇亲国戚、豪强贵族，世家子弟常常寻衅滋事，官员不敢严惩这些不法之徒，洛阳治安一度极为混乱。这时，光武帝想到了董宣，任命其为洛阳令。

董宣到任后不久，湖阳公主家的家奴仗势杀人，然后躲在公主家里，无人敢去公主府上抓捕犯人。董宣知道情况后，就派人蹲守在公主府附近，只要看到犯人出来就立刻逮捕。

过了几天，家奴以为事情就这样过去了，就大胆地跟着公主出行。董宣当即带领属下拦住了公主的车队，在地上画了一把刀，大声斥责公主包庇犯人的过失，并将杀人的家奴就地正法。

湖阳公主哪里受过这样的委曲，立刻进宫向光武帝告状。光武帝听后也是大怒，将董宣召进宫，准备处死。董宣说："请陛下准许我说一句话再死。"光武帝同意之后，董宣说："皇上圣明，才有大汉的伟业，如今公主家奴杀人，却如此纵容，怎能治理好国家呢？我还是自己死了吧。"说完就向柱子上撞去，撞得头破血流。光武帝认为董宣说得有理，就准备饶他不死，让他向公主磕头认罪。董宣则认为自己没罪，不肯下跪。宦官强行按着董宣的头，董宣用双手撑地，就是不肯低头。

湖阳公主见状非常恼怒，就对光武帝说："你为平民时，敢于隐匿杀人犯，现在当了皇帝，还不能制服一个小小的县令吗？"光武帝作为开国明君，深知董宣这样的人才不可多得，只好作罢，还称赞其为"强项令"，即硬脖子县令。为了表示对董宣的赞赏，还赏赐给董宣三十万钱。

董宣继续打击不法的豪强大族,被洛阳民众称为"卧虎",在董宣的治理下,洛阳的治安得到很大的改善。

董宣做了五年的洛阳令,七十四岁时死于任上。光武帝派人去他家中慰问,才知道董宣家里只有几斛大麦,一辆破车。光武帝悲痛地说:"董宣死了,朕才知他是这样清廉的官员。"然后下令以大夫的礼仪来安葬董宣。

明帝刘庄中兴明君

光武帝刘秀废除郭圣通皇后之位后,太子刘疆惶恐不可终日,最后主动让出太子位。光武帝乃立阴皇后的长子刘庄为太子,刘庄自幼勤学好问,深得光武帝的欢心。

57年,光武帝驾崩,太子刘庄即位,即汉明帝。明帝在位期间,加强集权,整顿吏治,与民休息,开创了东汉安定、昌盛的局面。

西汉后期,大权落于外戚之手,最终导致了王莽的专权篡位。东汉建立后,特别注重限制外戚的权力。明帝在云台画上二十八将,却把自己的岳父伏波将军马援排除在外。明帝在位期间,马皇后的三位兄弟职位都不超过九卿。

明帝不但限制外戚的权力,还严厉打击违反法纪的外戚和权臣。明帝曾下令处死自己的表弟,赐死自己的舅舅。明帝的妹妹郦邑公主嫁给了舅舅的儿子阴丰,公主自幼得宠,骄横跋扈,与性情暴躁的丈夫矛盾不断,最后阴丰杀死了公主。明帝勃然大怒,按照法律,阴丰全家都要受到牵连,但顾及母亲阴太后的缘故,明帝只是处死了阴丰,阴丰的父母自杀身亡。

明帝严厉制裁不法外戚,对大臣们也起到了很好的震慑作用。

明帝重视整顿吏治，对官员的考察和任免十分严格。66年，正式下诏，对地方官员每年进行一次考核。对于官员的选拔和升迁，明令禁止权臣干涉。为了抑制外戚，甚至一直没有提升政绩卓著的大臣阎章，只因阎章的妹妹是后宫贵人。

明帝注重减轻赋税，与民休息，让贫民种植公田，为农业的繁荣创造了条件。当时，黄河河道南移，下游经常泛滥，农民深受其害。为了恢复当地的农业生产，明帝下令让著名的水利专家王景和王吴负责整治黄河。

明帝自幼学习儒家经典，继位后，大力提倡儒学，让皇太子、诸侯王以及大臣子弟都要研读经书。明帝特别重视孝，倡导以孝治天下。对于自己为太子时的老师也十分尊重，继位后，还常常亲临太常府，听老师讲课。由于明帝的重视，东汉形成了一种尊师重道的风气。

75年，明帝因病逝世。他在位期间，采取了多项措施，对稳定社会，发展经济起到了重要作用。

一代贤后名将之女

明帝刘庄的皇后马明德乃是一代名将伏波将军马援的女儿。马援死于出征途中后，其子不久亦病逝，马援的妻子因思念儿子和丈夫也变得精神恍惚，不能过问家事。这时，只有十岁的马明德挑起了家庭的重担，把家里大小事务打理得井井有条。

然而，马家在朝中已经不得势，受到世家大族的排挤和欺负。马援的侄子见马明德才貌双全，就奏请光武帝让马明德进宫当王妃。光武帝顾念马援的恩情，就恩准马明德进宫。马明德进宫后，由于待人和善，获得阴皇后的喜爱，被分到太子宫，马明德很快也获得了太子刘庄的宠幸。

刘庄继位后，封马明德为贵人。美中不足的是马明德一直未能为明帝生下子嗣，明帝知道马明德也想有自己的孩子，就让她抚养贾氏的儿子。明帝继位三年未立后。60年，大臣奏请册立皇后事宜，明帝征询阴太后的意见，阴太后明白明帝的心思，就建议立马明德为后。马明德被册立为皇后，养子被立为太子。

马皇后一直保持着勤俭节约的习惯，并且倡导皇亲国戚以俭朴为美德。马皇后宽厚贤良，谦逊有礼，深明大义。马皇后喜读经书，常常诵读《周易》《论语》《春秋》等，明帝有时碰到棘手的问题都会征询她的看法，马皇后只是就事情的缘由进行分析，并且以外戚之祸为鉴，更是赢得了明帝的赞赏和尊敬。

75年，明帝驾崩后，马皇后成了皇太后。皇太后亲自为明帝编写起居注，为了避免后人觉得明帝与外戚关系密切，就删掉了自己哥哥侍奉明帝的部分。皇太后对自家管束十分严格，曾有大臣奏请封赏皇太后的弟弟，被皇太后严词拒绝。皇太后因为母亲坟墓封土超过规定标准，甚至让人削低自己母亲坟墓封土。

79年夏，马太后病逝，去世前，把自己身边的奴婢和财产赏赐给章帝的生母贾贵人。

白马驮经佛教入华

佛教是发源于印度的宗教，据说是印度国王乔达摩的儿子创立。佛教的基本观点为"四谛说"，也就是苦、集、灭、道。佛教相信"因果报应""转世轮回"，认为人生要受苦，要不断修行，才能提高自己，修成正果，求得来世的幸福。

佛教创立之后，其信徒就不断向外传播佛家经典。西汉时，西域有些国家已经开始信奉佛教。西汉后期，随着西域使者和商人的活动，佛教开始逐步传入中原地区。东汉初年，统治阶级中已有不少人开始信奉佛教。

65年，明帝梦到一个身上带着金光的神人在宫殿中飞翔，后来神人向西飞去。第二天明帝召集群臣询问此梦，太史傅毅认为神人是天竺国的得道者。于是，明帝派秦景等人去西域求取佛经教义。

三年后，秦景等在西域的大月氏遇到了两位印度僧人，因此，秦景邀请这两位僧人来到东汉都城洛阳。他们用白马驮着佛经和佛像，明帝见到两位僧人大喜，在洛阳城西修建了中国第一所佛教寺院白马寺，同时，创造了大批佛教壁画。

佛教传到中国后，得到一些皇室贵族的崇奉。像楚王刘英对佛教有浓厚的兴趣，多次访求佛法，祭祀佛像，祈求福祥，供养和尚等。东汉后期统治者提倡佛教，桓帝在皇宫内建造黄老浮屠祠，桓帝、灵帝时西域高僧支谶、安世高等先后到达洛阳，翻译多种佛经，使佛教的影响越来越大。不过，东汉时期，佛教仅在上层贵族间传播，在民间没有得到广泛流传。

佛教传入中国后，为了适应统治阶级的需要，吸收融合了中国的道家学说、儒家学说等，在中国历史上影响深远。

大将窦固边疆立功

窦固，字孟孙，东汉名将。窦固自幼喜好读书，尤喜兵法之书。光武帝在位时，窦固娶涅阳公主为妻，被拜为黄门侍郎，后来世袭父亲的爵位，被封显亲侯。明帝时，窦固升为中郎将，监护羽林军。

东汉初年，匈奴因内乱分为南北两部。东汉收复了南匈奴后，兵分四路进攻北匈奴。73年，以窦固和耿忠为将率领一万多名将士进攻酒泉塞，耿秉率领一万多将士进攻居延塞，祭肜和吴棠率领一万多将士进攻高阙塞，来苗和文穆率领一万多将士向平城塞进攻。窦固和耿忠率军到达天山，攻击北匈奴呼衍王部，斩杀匈奴千余人，将呼衍王追杀至蒲类海，攻取伊吾卢。窦固在伊吾卢设置宜禾都尉并且留下将士在那里开垦屯田。窦固又任命班超为假司马，攻打伊吾，出使西域，招降西域各国，从而打通了进入西域的通道。

此次攻打北匈奴，四路大军中只有窦固取得较大的胜利，其余三路均无功而返。窦固因为有功，被加官晋爵。

74年，明帝任命窦固、耿秉和刘张率军向西域进发，攻打北匈奴的附属国车师。车师分为前后两部，窦固认为汉军距离车师后部较远，路途艰险，打算先攻打车师前部，但耿秉认为车师后部是车师的老巢，打败后部，前部会主动投降。窦固采纳了耿秉的建议，汉军打败车师后部，前部果然率军来降。窦固上书建议重置西域都护，明帝接受窦固的建议，任命陈睦为西域都护，东汉再次掌控了西域。窦固也一直驻守在边境，维护着边疆的稳定。

窦固驻守边疆时，能够尊重当地的习俗，赢得了当地人的尊敬。羌人和匈奴人喜欢吃没有完全烤熟的肉，窦固与他们相处时，总是大口咀嚼带血的肉，羌人和匈奴人因此很是敬重窦固。

75年，明帝下诏让窦固率兵返回洛阳。

76年，章帝封窦固为大鸿胪，边疆每有重大事件，总是征询窦固的意见。

窦固在抗击匈奴的战争中，立下了汗马功劳，后来出兵西域，使西域重回东汉的统治。窦固在维护边疆稳定中发挥了重要作用。

兰台令史投笔从戎

班超，字仲升，出生于书香世家，父亲班彪和哥哥班固都是史学家，妹妹班昭既是史学家又是皇后的老师。班超博览群书，有勇有谋，且能吃苦耐劳，被明帝任命为兰台令史，负责管理文书和奏章。

后来，班超听说匈奴在西域作乱，不禁放下手中的笔，拍案感叹道："大丈夫应该学习傅介子和张骞，在外建功立业，怎能只忙于笔墨间的事情呢？"于是，班超弃文从武。

73年，跟随窦固攻打匈奴。班超在战争中斩获匈奴较多，得到窦固的赏识。窦固任命班超带领随从出使西域，联合西域各国共同抗击匈奴。

班超先是到了鄯善国，鄯善国王先是很热情地款待班超，没几天，就对他们冷淡下来。班超打听到原来是匈奴的使者也来了，导致鄯善国王犹豫不决。班超认为不杀了匈奴使者，鄯善国王不会同意与汉军联手对抗匈奴的。于是，激励随从一起刺杀了匈奴使者。鄯善国王看到匈奴使者已死，别无选择，只好同意班超提出的与汉军联合的要求。

班超一行继续向西域行进，到达于阗国。北匈奴使者也在于阗，且掌握着于阗的大权。对于班超的到来，于阗国王并不是很欢迎。于阗的巫师认为班超一行所乘马匹中有一批马不吉利，应该杀掉。班超趁巫师来取马匹之机杀了巫师。于阗国王知道班超在鄯善杀死匈奴使者之事，因此，更加惧怕，就杀了匈奴使者，归顺了东汉。

西域的龟兹依仗匈奴的势力很是嚣张，派兵杀了疏勒国的国王，立龟兹人兜题为国王。74年春，班超派手下田虑去劝降兜题，却遭到兜题的拒绝。田虑出其不意地劫持了兜题，班超随即到达疏勒国，召集疏勒国的文武大臣，另令疏勒国王的侄子为疏勒新国王。

班超凭借自己的智谋，使西域的鄯善、于阗和疏勒与汉朝恢复了友好关系。

75年，明帝驾崩，焉耆趁机杀了西域都护陈睦，班超联合疏勒抵抗住了龟兹等西域诸国的进攻。后来，班超率领疏勒军民打败莎车和月氏，征服龟兹和姑墨，基本平定西域。班超上奏章帝收复西域的建议，章帝派徐干率军前来支援，在接下来的十年里，收复了西域五十多个国家。

95年，班超被封为定远侯，因此班超也被称为"班定远"。五年后，已在西域三十多年的班超回到洛阳，没多久便病逝。班超在推动西域各国与东汉之间的经济、文化交流中做出了杰出的贡献。

班固承志著《汉书》

班固，字孟坚，班彪之子，班超之兄。班固在父亲著述的基础上，创作了《汉书》，《汉书》是我国第一部纪传体断代史书，被称为"正史的楷模"。

班固非常聪明，九岁能写文章，十六岁入太学读书。二十三岁时父亲病故，班固回乡守孝。在守孝期间，班固开始整理父亲生前完成的六十五篇《史记后传》，然后开始《汉书》的编写。

当时，东汉是禁止私自编写修改国史的，因此，有人上书告发班固，班固被捕入狱。班超得知哥哥入狱之后，急忙回到洛阳为其辩解。这时，地方也送来了班固的手稿，明帝看后，很是欣赏班固的才华，任命班固为兰台令史。后来，班固又升任郎官，典校秘书，奉命编写未完成的《汉书》。之后的二十余年间，班固潜心著述，到章帝时，《汉书》基本完成。

92年，班固受大将军窦宪案件的牵连，先被罢官，后又入狱，最后死于狱中。班固死后，书稿散乱，八表和《天文志》还未最后完成。后来，班固的妹妹班昭继续哥哥未竟的事业，最终完成《汉书》的编写。

《汉书》共一百篇，记载了公元前206年到公元23年之间的史事，全书一百二十卷，分为十二本纪、八表、十志和七十列传。《汉书》记载汉武帝以前的事情，多采用《史记》内容，同时增加了《史记》缺漏的内容，汉武帝之后的事情为班固所写。《汉书》保存了丰富的史料，为后世研究汉朝历史提供了详备的资料。

《汉书》是在统治者的倡导和支持下完成的，一直为史学家所诟病，被认为具有神化皇权，拥护正统，赞誉汉朝的弊端。但是不可否认的是《汉书》结构严谨，辞藻华丽，对后世史学产生了重要的影响。

才女班昭补史著书

班昭，字惠班，东汉著名的史学家，文学家，因夫家姓曹，又被称为"曹大家"。班昭自幼熟读经书典籍，博学多才。班固死于狱中之后，和帝征召她到东观藏书阁继续《汉书》的编写。

为了完成父兄未竟的事业，班昭在东观藏书阁认真阅读史料，整理兄长遗留下来的散乱篇章，并对已完成的原稿进行核校。班昭在整理原稿的基础上完成了八表和《天文志》。八表分别是《异姓诸侯王表》《诸侯王表》《王子侯表》《高惠高后文功臣表》《景武昭宣元成功臣表》《外戚恩泽侯表》《百官公卿表》《古今人表》。《天文志》是在马续的协助下完成的。《汉书》虽前后由四人参与，但如出一人之手，被后世誉为"先后媲美，如出一手"。

班昭除了补写《汉书》，还讲授经史典籍，马融就曾跟随班昭学习。和帝也曾多次召班昭入宫，让皇后和妃嫔们拜她为师。邓太后还特许班昭参与政事。

班昭还作了赋、颂、铭等不同题材的文学作品多篇，其中影响最为深远的是《女诫》。班昭在《女诫》中提倡"三从四德"，强调男尊女卑，主张女子要绝对顺从男子等思想。班昭倡导的女性观成为封建社会女性的行为规范。《女诫》后来成为"女四书"之首，极大地禁锢了女性的思想和自由，对中国女性影响深远。

汉朝风气开放，女性再嫁极为平常。班昭丈夫早逝，但她恪守《女诫》规范，一直守寡。

班昭在文学、史学上均做出了重要的贡献，虽然《女诫》的主张受时代局限，但仍不失为古代杰出的女性。

邓绥临朝勤俭治国

邓绥出身名门，祖父是东汉开国功臣，位居云台二十八将之首的邓禹，母亲是光武帝皇后阴丽华的侄女。邓绥聪明伶俐，喜好读书，孝顺体贴。

邓绥五岁的时候，祖母为她剪发，因年老眼花误伤了她的额头，她强忍疼痛没有出声。左右的侍者感到很奇怪，就问原因。邓绥说："祖母疼爱我为我剪发，我不忍伤了老人家的心意，就忍着痛了。"

父亲去世后，邓绥悲痛不已，为父守孝三年，期间不食任何有油有盐的菜。三年后，家人几乎认不出憔悴的邓绥了。

95年，邓绥被选入宫中，因姿色出众，谦恭有礼，很快赢得了宫中上下的爱戴，当然也赢得了和帝的宠幸。和帝的阴皇后非常嫉妒受和帝宠爱的邓绥。邓绥为了避免触怒阴皇后，总是小心翼翼。邓绥越是慎重，和帝越发宠幸邓绥，认为邓绥德行出众。阴皇后更加气愤，甚至想要除掉邓绥。后来，阴皇后施行巫蛊之术诅咒邓绥，被人揭发。和帝毫不留情地废除了阴皇后。

102年冬，大臣奏请册立皇后。和帝认为邓绥德冠后宫，是最佳的皇后人选。群臣也没有异议。邓绥虽再三推辞，最终被立为皇后。

105年，和帝驾崩，邓皇后无子。年仅二十五岁的邓绥扶持刚出生百天的刘隆继位为殇帝，成为皇太后，临朝听政。邓太后执政期间，缩减宫中开支，减少各郡国进贡物品的数量。邓太后还禁止织室、尚方等制造刺绣、珠玉、玳瑁等物品。

106年，殇帝早逝，邓太后立清河王刘庆十三岁的儿子刘祜为皇帝，也就是汉安帝，朝政大权依然掌握在邓太后手里。为了减轻百姓的劳役和赋税，邓太后下令缩减殇帝陵墓的陪葬品和修筑陵墓的费用。

邓太后认识到之前外戚掌权的危害，因此，执政期间，对娘家人约束甚严。邓太后亲自叮嘱执法官吏，如果邓家人违法乱纪，一定要严惩。在邓太后的管束下，邓家没有骄横跋扈之人。

121年，邓太后病逝，与和帝合葬于顺陵。

邓太后是东汉杰出的政治家，关心民间疾苦，减轻百姓负担，使危机四伏的东汉转危为安。

外戚阎氏专权乱政

邓太后病逝后，昏庸的安帝掌权。安帝宠幸阎姬，外戚阎氏一族逐渐掌握朝政大权。阎氏掌权后，破坏纲纪，排除异己，使得东汉统治腐败不堪，东汉衰亡已不可避免。

阎姬得宠之前，家族在朝中并不得势。阎姬的祖父阎章是汉明帝时期的步兵校尉，明帝严格限制外戚的权力，阎章因有两个妹妹为贵人，故阎章一直未得到升迁。阎姬的母亲和邓太后弟弟邓弘的夫人是亲姐妹，邓太后执政期间，阎家的地位才开始有所提升。

阎姬有四个兄弟，是家中唯一的女儿，从出生起就得到父母的宠爱，长大后又出落得十分标致。阎姬还非常聪慧，可谓才貌双全。114年，被召入宫。当时邓太后掌权，安帝便沉溺于酒色。阎姬入宫后，安帝被阎姬的美色所吸引。不久，就封阎姬为贵人。

115年，安帝又册封阎姬为皇后。阎姬被封为皇后之后更加骄纵，在后宫横行霸道，为所欲为。阎皇后善妒，且非常残忍。后宫中被安帝宠幸的妃嫔多被其残忍地杀害掉。阎皇后入宫后一直未能生育，也常担心自己的后位不保。后来，一个宫人生下一位皇子，即刘保，阎皇后无法容忍，就和哥哥阎显一起毒杀了官人。安帝对阎皇后十分纵容，竟然不加责备。

121年，邓太后病逝，安帝掌握政权。阎皇后的四个兄弟都得以升迁，管理全国的禁兵。

125年，安帝在南巡途中驾崩。阎皇后和阎显担心朝中大臣会立太子刘保为皇帝，就封锁安帝驾崩的消息。阎皇后回到京师为安帝发丧，然后以太后的名义处理朝政。为了总览朝政大权，阎太后册立年幼的北乡侯刘懿为帝，也就是少帝，封阎显为车骑将军执掌兵权。阎显以各种理由罢免忠臣良将，逼迫他们自尽。不久，阎氏外戚独掌朝政大权。

没过多久，少帝病逝。阎氏外戚担心大权旁落，就在宫内集结重兵，准备再找一个傀儡皇帝。没想到，宦官孙程等人率先发动兵变，拥立被废的皇太子刘保为帝，也就是顺帝。顺帝立即下诏，命孙程带领禁卫军杀了阎景，逼迫阎太后交出玉玺，将其囚禁在冷宫，接着处死了阎氏兄弟和族人。

阎氏外戚乱政，朝中一片乌烟瘴气，使东汉王朝进一步走向衰亡。

杨震拒金直言劝谏

杨震，字伯起。自幼好学，曾跟随桓郁学习《欧阳尚书》，博览群经，无不穷究。杨震淡泊不好功名，一边种地一边讲学，所教学生三千多人，被称为"关西孔子"。

杨震五十岁时，大将军邓骘听闻其名声，举荐他为茂才，后升迁至太守。杨震途径昌邑时，昌邑县令正是杨震之前所举荐的王密。王密夜里来拜见杨震，并且带着十斤黄金，来感谢当年杨震的举荐之情。杨震说："我知道你的为人，你怎么不知我的为人？"王密说："现在深夜无人知晓。"杨震严肃地说："天知，神知，我知，你知。怎么能说没人知道呢！"王密羞愧不已，离开了。

117年，杨震担任太仆，后又升迁为太常。这期间举荐陈留杨伦等名士。

120年，杨震担任司徒。第二年，邓太后崩，内宠开始横行。安帝的乳母王圣认为对安帝有养育之恩，骄纵不已。杨震上书直言王圣之过。安帝不但不责怪王圣还将奏疏拿给乳母看。王圣看过对杨震怀恨在心，总想找机会报复。

后来，安帝封自己的乳母为野王君，为其花巨资修建奢华的住所。朝中奸佞之臣大肆搜刮钱财，地方官员也对百姓敲诈勒索。杨震气愤不过，多次上书安帝，昏庸的安帝却不理会杨震的上书。不久，杨震再次借地震之机上书劝谏安帝。安帝虽恼怒杨震，但碍于他"关西孔子"的威名，也未处罚他。

124年，安帝外出巡游，奸臣樊丰等人竞修宅第。杨震的部掾高舒查到樊丰等假造圣旨，杨震打算将此事上奏安帝。樊丰等人得知后赶紧上书安帝，诬告杨震。安帝相信奸臣之言，当夜收缴了杨震的印绶。七十多岁的杨震悲痛不已，感叹奸臣当道，无力阻止，然后饮鸩酒自杀而亡。

杨震虽然清正廉洁，直言敢谏，无奈已不能挽救腐败混乱的东汉王朝。

梁冀跋扈权倾朝野

梁冀，字伯卓。出身官宦之家，家世显赫，先祖梁统为东汉开国功臣，父亲梁商官至大将军，妹妹为汉顺帝皇后。梁冀长得"鸢肩豺目"，且心狠手辣，残暴至极。

136年，梁冀被任命为河南尹。梁冀在任期间，暴虐不堪，违法乱纪。洛阳令吕放是他父亲的亲信，就多次在梁商面前告梁冀的状。梁商因此责怪梁冀，梁冀就派人在路上刺杀了吕放。梁冀担心父亲知道此事，就说是吕放的仇人所为。梁冀又推荐吕放的弟弟为洛阳令，还残忍地杀害了所谓"仇家"宗亲、宾客一百多人。

132年，梁冀的妹妹梁妠被顺帝册立为皇后。梁商因此一路高升，官至大将军。

梁商死后，梁冀被拜为大将军，掌握朝政大权。

144年，顺帝驾崩，太子刘炳即位为冲帝，不到一年，冲帝病逝。梁冀和妹妹梁太后为了总揽朝政大权，拥立年仅八岁的刘缵为帝，即质帝。质帝虽年幼，却很有想法，对梁冀独揽大权不满，就当着群臣的面对梁冀说道："大将军是跋扈将军。"梁冀听了质帝的话大怒，担心其长大后不好控制，就偷偷把质帝毒死了。

质帝死后，梁冀打算立即将与自己的妹妹成婚的刘志为帝。以李固为首的大臣都认为该立清河王刘蒜为帝，梁冀就让太后罢免了李固。然后，立刘志为帝，即桓帝。至此，梁冀的两个妹妹一个为太后，一个为皇后，两个弟弟和儿子也分别被封侯。梁冀在朝中已是可以为所欲为。

梁冀还有一个嗜好就是建造豪华的府第和园林，且与夫人孙寿竞相攀比。为此，征调各地工匠，搜刮民财，百姓怨声载道。

桓帝对梁冀的专权跋扈非常不满，就秘密召见宦官唐衡，了解朝中与梁冀不和的大臣，决定除掉梁冀。

没多久，梁皇后病逝，邓贵人得势。当年邓贵人被桓帝宠幸封为贵人后，梁冀为了巩固自己的权势，就想认邓贵人为干女儿，为其改姓梁。邓贵人的姐夫邴尊为议郎，梁冀担心邴尊从中作梗，使邓贵人的母亲改变心意，就派人刺杀了邴尊，然后又想杀了邓贵人的母亲。不料，刺杀失败，此事被桓帝知道后，桓帝大怒，派人包围了梁冀的府第，处死了梁家和孙家的所有人，没收其财产。没收的财产相当于朝廷半年的税收。接着，桓帝又处置了梁冀的宾客和党羽，竟有三百多人被罢官。可见梁冀在朝中的势力之大。

宦官当权五侯乱政

为了铲除梁冀，桓帝在宦官的帮助下，剪灭了梁冀的势力。桓帝封赏了宦官单超、徐璜、唐衡、具瑗和左悺，这五位宦官同时被封侯，被称为"五侯"。东汉的朝政大权刚从外戚手中夺回，又落入宦官之手。此后，宦官专权，残害大臣，东汉朝政更加混乱。

宦官当政，许多贤良之士不愿再入朝为官。桓帝对此并不在意，认为有宦官处理政务就够了。宦官侯览未参与铲除梁冀一事，却因献绢五千匹也被封侯。白马县令李云就上书桓帝，认为桓帝听信宦官谗言，随意给他们加封。桓帝大怒，就将李云抓进大牢，严刑拷打。大臣杜众看不过，就请求与李云一同受罚。桓帝在"五侯"的唆使下，将杜众也打入大牢。一些大臣联名上书请求赦免李云和杜众，昏庸的桓帝罢免了所有上书的大臣，处死了李云和杜众。

桓帝更加宠信宦官，任命单超为车骑将军，掌管全国的兵权。不久，单超病死，剩下的四侯更加骄横。百姓对他们深恶痛绝，私下就叫左悺为"左回天"，就是说他权力极大，可以通天，徐璜被称为"徐卧虎"，意思是说他有如老虎般凶残，唐衡被称为"唐两堕"，就是说他横行霸道，具瑗被称为"具独坐"，说他骄横跋扈，无人能比。

宦官当政期间，肆意敛财，欺压百姓，抢占民田、民宅、民女，竞相攀比，奢华之风盛行。身为宦官，竟然妻妾成群。

宦官势力不断增大，后来竟威胁到皇权，桓帝才决定收回宦官手中的权力。桓帝借具瑗之兄违法之机，把具瑗贬为都乡侯。随后，逐步剥夺宦官手中的权力。

五侯掌权乱政虽然结束了，但是由于他们大肆掠夺，使得民生凋敝，东汉更加衰败不堪。

宦官得势党锢之祸

东汉后期，外戚和宦官交替专权，朝政腐败不堪，卖官鬻爵之风盛行，出现了"举秀才，不知书。举孝廉，父别居。寒素清白浊如泥，高第良将怯如鸡"的局面。一些名士和太学生对此不满，常常议论朝政，品评人物，这种现象被称为"清议"。士大夫和正直的官吏对宦官乱政不满，与宦官发生斗争，宦官以"党人"的罪名禁锢士人，因此，被称为党锢之祸。

桓帝时，术士张成与宦官交好，得知桓帝要大赦天下，就故意让其子杀人。司隶校尉李膺仍按法律处死了张成的儿子。张成在宦官的指使下，让弟子牢修上书诬告李膺等人与太学生交好，诽谤朝廷，扰乱风俗。桓帝大怒，下令逮捕李膺等人，还让宦官负责的北寺狱审理党人。宦官趁机报复，大肆搜捕、迫害党人。太尉陈蕃上书为李膺、陈寔、范滂等人求情，也被桓帝罢免。窦皇后的父亲窦武对宦官不满，同情士人，也上书为士人求情。李膺等人在狱中供出一些宦官子弟的不法之事，这些宦官因担心牵涉到自己，也趁机向桓帝进言，劝谏桓帝大赦天下。167年，桓帝大赦天下，两百多名党人被释放回乡，但终身罢黜，这件事被称为"第一次党锢之祸"。

桓帝死后，窦皇后和父亲窦武立刘宏为帝，即灵帝。窦皇后晋身为太后，执掌政权，窦武为大将军，和重新被启用的太尉陈蕃辅政。第一次党锢之祸时被罢黜的李膺等人也被重新启用。窦武等人打算除掉宦官曹节等人，不慎计划泄露。曹节等宦官劫持灵帝和窦太后，胁迫灵帝下诏逮捕窦武、陈蕃等人。窦武、陈蕃被宦官带领的将士杀死。

随后，宦官掌控了东汉政权。灵帝成年后，荒淫无度，沉迷酒色，在宦官的唆使、迎合下更加荒唐。宦官虽然掌握了朝政大权，但士人影响依然存在，就向灵帝诬告党人意图谋反等罪。灵帝便轻信了宦官之言，下令抓捕党人。李膺、杜密、范滂等一百多人被下狱致死。在宦官的大肆搜捕下，众多党人惨遭陷害，因受到牵连被斩首、流放和禁锢者将近千人。这次宦官迫害党人的事件被称为"第二次党锢之祸"。

两次党锢之祸使得东汉王朝政局更加动荡。党人面对宦官专权造成的政局混乱，不畏强权、挺身而出的精神值得肯定。

灵帝荒淫卖官鬻爵

汉灵帝刘宏一生荒淫无度，为了更好地享乐，肆意搜刮民财，卖官鬻爵，将朝政交给宦官打理。宦官张让、赵忠等为了掌权，不断为灵帝提供新奇玩意，让他沉湎玩乐，不理朝政。灵帝认为这些宦官非常了解他，更加宠信他们，封他们为中常侍，还毫不知耻地说："张常侍是我的父亲，赵常侍是我的母亲。"

灵帝在位期间，除了宠信宦官，打击党人之外，最大的喜好就是寻欢作乐。灵帝为了享乐，设置西园，将西园建设得有如仙境。灵帝让宫女们不穿衣服在其中玩乐，为此取名"裸泳馆"。

178年，灵帝在其贪婪的母亲董太后和宦官们的唆使下，开始卖官，自关内侯至光禄勋等部门的职位均可花钱购买。各官职价格不等，还会根据求官人出价进行变动，出价最高者就可上任。一般的价格是根据该官职的年俸计算的，如年俸两千石的郡守类官职价格为两千万钱，年俸四百石的县令级别的官职价格为四百万钱。灵帝将卖官的收入花费在西园的建设上，进一步的沉溺于酒色之中。宦官则趁机把持朝政，胡作非为，官员通过花钱买官，上任后变本加厉地敲诈百姓，搜刮钱财，使百姓的生活更加困苦不堪。

灵帝将搜刮来的钱变着花样地挥霍。灵帝在后宫命人仿照宫外的市场、街道，建造各种店铺，让妃嫔、宫女扮成各种商人和顾客在其中进行买卖。灵帝自己也装扮成商人在街上逛来逛去，玩得不亦乐乎。各商铺里的珍奇异宝大都是搜刮来的，被宫女们偷去之后灵帝也不过问。

灵帝不理朝政，一些善于逢迎的奸佞小人也挖空心思地变着花样为灵帝寻找新乐趣。一次，一名小黄门宦官从宫外挑选了四匹驴进献给灵帝，灵帝大喜，每天驾着驴车在宫内游玩。此事传到宫外，许多官僚竞相模仿，以致民间驴价大涨。

灵帝不久就对驴车失去了兴趣，有的宦官就给狗带上进贤冠，穿着朝服，把狗带上朝堂。灵帝一看，不禁大喜，称赞道："好一个狗官。"使得满朝官员十分难堪，却也不敢言语。

189年，荒淫无度的灵帝驾崩。

灵帝在位期间，是东汉王朝最为黑暗的统治时期。

东汉：强行"续命" 风雨飘摇 ▶▷

张角布道黄巾起义

灵帝在位时，卖官鬻爵，不理朝政，宦官把持政权，土地兼并更加严重，天灾人祸使得百姓苦不堪言，各地不断有小规模的农民起义爆发。后来，起义不断，其中最为著名的是张角领导的黄巾军起义。

张角，河北平乡人，根据《太平经》创立了"太平道"，主张平等，反对不劳而获，借助行医传教，深得百姓信赖，被称为"贤良大师"。张角和他的学生在各地传教，使信仰太平道的人数发展到了几十万。张角将信徒分为三十六方，大方有一万多人，小方有六七千人。每方设一人统领，各统领由张角统一指挥。张角利用东汉后期盛行的谶纬之学，散布"苍天已死，黄天当立，岁在甲子，天下大吉"的谶语。

184年为甲子年，张角准备发动起义。起义前一个月，计划不慎泄露。灵帝下令捉拿张角，张角通知各处教徒立即起兵，起义军头戴黄巾，被称为黄巾军。张角自封"天公将军"，封弟弟张宝为"地公将军"，张梁为"人公将军"。三十六方的教徒同时起义，各地的农民也纷纷加入起义军，声势浩大的起义军攻打豪强地主和官府，没收地主财产，打开官府粮仓赈济百姓。

面对不断壮大的起义军，灵帝迅速派兵镇压。黄巾军起初作战勇敢，多次打败官兵。如以张曼成为领导的南阳黄巾军杀死太守，波才领导的颍川黄巾军打败朱儁，汝南黄巾军击败太守赵谦，冀州黄巾军打败卢植和董卓等。但是黄巾军起义前被叛徒泄密，仓促起义，且作战经验不足，加之后来张角病死，黄巾军逐步被官府镇压。

张角病逝后，张宝和张梁因为轻敌，被皇甫嵩率领的官兵突袭，以张梁为首的三万多黄巾军全部遇难。不久，以张宝为首的十万黄巾军也遭到皇甫嵩的围剿，全军覆没。驻守在南阳宛城的起义军，由于张曼成错失最佳战机，给官兵以机会，不久战死。以波才为首的黄巾军也在与皇甫嵩、朱儁的对抗中战死。黄巾军的三大主力已基本被汉军消灭,但是黄巾军的残余部队与各地的农民起义仍不断地打击东汉政权。

黄巾军起义虽然被东汉王朝镇压下去,但起义沉重打击了东汉王朝,东汉实际上已是名存实亡。但直到220年,曹丕建魏代汉,东汉才算真正灭亡。

羊续悬鱼清廉自守

羊续,字兴祖,平阳人。司隶校尉羊侵之孙,东汉后期著名的清官。东汉后期,豪强地主竞相奢靡,社会上卖官鬻爵,贪污受贿成风,羊续对此很是不满。

党锢之祸解禁后,羊续历任庐江、南阳两地太守。羊续虽为太守,依然朴素节俭。在南阳任太守时,曾有府丞给他送了一些鲜活的鱼,羊续收下后就挂在院子里。后来,府丞又来送鱼,羊续指着挂在院子里的鱼,府丞便明白了羊续的意思,然后羞愧地走了。之后,南阳郡中官吏再也没人敢给羊续送礼了。后世便用"羊续悬鱼"来表示官员清廉自守,不受贿赂。

羊续为官清廉,一心为百姓。羊续为官期间,其家人一直在乡下种田为生。后来,羊续的妻儿到南阳找羊续,羊续却拒而不见。羊续所有的家产不过破旧的衣被,几斛麦子和盐。羊续对妻儿说自己就这么点东西,没有办法养活他们,让他们回家种田。

189年,灵帝提拔羊续担任太尉。当时,灵帝为了增加收入以供享乐,公开卖官,还派宦官监督执行。宦官来到羊续的住处时,羊续不但没有钱财相送,还让宦官坐在单席上,并指着家中所有对宦官说自己仅有这么点财产。

宦官没有得到任何贿赂，回去报告给灵帝，灵帝也很不高兴，就没让羊续担任太尉一职。后来，羊续被任命为太常，但是还未赴任，就因病身亡。

汉朝规定，官吏死于任上，可由朝廷发放丧葬费。但羊续临死前叮嘱要求薄葬，不接受朝廷发放的费用。这次，灵帝不但下令表彰了羊续，还将丧葬费送给了羊续的家人。

羊续一生为官清廉，在东汉后期的社会环境下能够坚守操行，实在是难能可贵。

白虎观会议论五经

白虎观会议是指章帝时召集儒生、博士、郎官等在白虎观召开的一次关于讨论五经异同的会议。

董仲舒提出独尊儒术以后，儒家思想逐渐成为汉朝的统治思想。但由于各家传承不同，常常争论，为此，宣帝时召开过石渠阁会议。西汉后期，古文经学地位得以提高，与今文经学不断对抗。东汉初年，光武帝刘秀借助图谶登上帝位，把谶纬之学确立为官方统治思想。至此，谶纬之学、今文经学和古文经学三足鼎立，互相争论。为了缓解矛盾，统一思想，79年，章帝召集诸儒在白虎观讨论五经。

章帝亲自主持会议，参加会议的有班固、贾逵、丁鸿、魏应、淳于恭、李育等，其中班固、贾逵是古文学者，丁鸿兼通今古文经学，今文经学虽然还是官方正统学术，但是和谶纬之学一样越来越遭到人们的反对。会议上由魏应秉承章帝旨意发问，淳于恭代表诸儒作答，章帝亲自裁决。会议持续了一个多月，班固负责对会议内容进行记录，后来整理成书，即《白虎通义》。

这次会议把今文经学和谶纬之学糅合，使儒家思想进一步神学化，虽然今文经学仍为正统思想，但古文经学的影响进一步扩大了。这次会议突出三纲五常作为封建宗法制度的基础，将"君为臣纲"提高到了"三纲"之首。从《白虎通义》所引的经传来看，各派思想开始走向融合。

白虎观会议作为中国历史上规格较高的一次学术会议，对东汉的思想产生了重要影响。

许慎与《说文解字》

许慎，字叔重，汝南人。东汉著名的文字学家、经学家。许慎自幼勤奋好学，师从经学大师贾逵，受到经学大师马融的推崇和敬重。许慎在经学上的研究非常深入，颇有建树，被称赞为"五经无双许叔重"。

西汉时期，由于统治者的提倡，今文经学占主导地位，很少有专门研究古文经学的学者。西汉后期，刘歆上书请求为古文经学设立博士，今文经学博士不赞同，两派便经常论战。许慎支持古文经学派，认为各家对"五经"的解说比较混乱，于是作《五经异议》，突出文字、训诂对研究经学的重要性，对后世经学的发展产生了重要影响。

许慎一生最大的成就是花费三十年时间完成《说文解字》。《说文解字》是我国第一部辨析字形、声读和解说字义的字典，集合了当时所有的古文经训诂。《说文解字》收字九千三百五十三个，异体字一千一百六十三个，这些汉字分布在五百四十个部首下面，这种分类方法开创了部首检字的先河。通过六书分析字形，形成了系统的分析文字的理论，保存了大部分的先秦字体以及汉代的文字训诂。

《说文解字》到唐朝时已经失传，现在的多是宋朝版本，或者清朝段玉裁注释本。清朝对于《说文解字》的研究最为兴盛，出现了"说文四大家"。

由于许慎在文字学方面做出的杰出贡献，被后人称为"字圣"。

郑玄注经统一今古

郑玄，字康成，高密人。东汉著名的经学大师。郑玄幼时家中甚贫，但喜好读书，十三岁已经通晓五经。郑玄醉心于研习经书，对做官没有什么兴趣，后来放弃官位，到京师洛阳游学。

郑玄曾师从京兆尹第五元，研习《京氏易》、《公羊春秋》、《三统历》和《九章算术》等，后来跟随张恭祖学习《古文尚书》、《周礼》和《左传》，最后师从马融学古文经。马融弟子众多，一般都是由学生授课，郑玄在马融门下学了三年，并没有见过马融。后来马融召集学生讨论谶纬之学，郑玄才见到马融，得以向马融请教。郑玄在马融门下学了七年后回乡。马融对弟子说："郑生今去，吾道东矣！"

郑玄回乡后，一边种地，一边授学，因仰慕其学问前来拜师学习的学生有几千人之多，可见郑玄在当时的影响。

党锢之祸爆发后，郑玄因曾做过北海相杜密的旧吏遭到禁锢。此后，郑玄便归隐山林，潜心注经。郑玄用自己渊博的学识为古文经书作注释，但也不专用古文经学家的释义，兼采今文经学合理的解释，打破经学的今古之分，创立"郑学"。郑玄最大的成就是注释"三礼"，即《周礼》、《仪礼》和《礼记》，"三礼"这个名词就是在郑玄作注之后才确定下来的。郑玄对经学的发展做出了重要贡献，使经学的发展进入到一个"统一时代"。《后汉书》评价郑玄的经学成就时说："郑玄囊括大典，网罗众说，删裁繁芜，刊改漏失，择善而从，自是学者略知所归。"

黄巾军起义后，朝廷为了启用党人，不得不大赦党人。郑玄被解禁后，不少人请他入朝为官，都被郑玄谢绝。郑玄的名气和影响在当时非常大，在回老家的途中，碰到黄巾军，黄巾军均向郑玄行礼，且下令不准军队侵犯郑玄的出生地。

200年，郑玄病逝，享年七十四。虽时值乱世，但仍有一千多名官吏和学生为其送葬。

蔡邕博学石经传世

蔡邕，字伯喈，陈留人。东汉著名的文学家、书法家、音乐家，才女蔡文姬之父。蔡邕自幼好学，遍览群书，曾师从著名学者胡广。

蔡邕是东汉后期著名的辞赋大家，代表作为《述行赋》，通过对贫富之家生活的对比，揭露、批判社会现实。蔡邕还大胆地在赋作中表现爱情，如《青衣赋》，情感真挚，直抒胸臆。

蔡邕精通音律，尤善操琴。桓帝时，掌权的宦官就曾让桓帝下旨召蔡邕进京。蔡邕对宦官不满，半路借口身体有病返回家乡。蔡邕在吴地时，曾听到房主做饭烧火的声音，立马冲进房屋从灶坑中抽出已经点燃的桐木，认为这块桐木是做琴的上好材料。后来，蔡邕用这块桐木做了一把琴，果然音色美妙异常，由于桐木已被烧焦了一部分，后世称之为"焦尾琴"。

175年，蔡邕认为有些儒家典籍有不少错误之处，就奏请正定六经文字，得到灵帝的批准。蔡邕参校诸经，把校正过的经文用隶书写在四十六块石碑上，命工匠雕刻成字，前后历时九年，刻成后立于太学门前。所刻经书有《周易》、《尚书》、《鲁诗》、《仪礼》、《春秋》、《公羊传》和《论语》。蔡邕奏请此事是在熹平四年，因此，这些石经又被称为"熹平石经"。

蔡邕在书法上的成就也非常大，擅长篆书和隶书，还创立了"飞白书"。飞白书也称为"草篆"，就是笔画黑中露白的一种字体。唐代学者张怀瓘在《书断》中评价飞白书为"妙有绝伦，动合神功"。蔡邕还写有很多书法理论专著，如《笔赋》、《笔论》和《九势》，其中《九势》影响较大。《九势》介绍了运笔有八种标准，在运笔的过程中要注意表现出俊逸的笔势，被称为"九势八字诀"。

蔡邕才华横溢，尤精书法、辞赋和音乐。但因伤感董卓之死，被王允下狱，最后身死狱中。

宦官蔡伦改进造纸

蔡伦，字敬仲，后来进宫成了太监，由于聪明勤快，很快升为黄门侍郎。蔡伦在窦皇后的指使下，陷害章帝宠爱的宋贵人，宋贵人遇害后，她所生的太子刘庆被贬为清河王。和帝继位后，蔡伦被任命为中常侍，成为伺候和帝的贴身宦官，并能参与朝政，位列九卿。

窦太后病故后，和帝开始掌权。蔡伦兼任尚方令一职，掌管尚方，尚方是负责制造朝廷御用品的机构。

汉代时书写材料还以竹简为主，也有在绢、帛上书写的，但绢、帛的价格较高，难以大规模的使用。和帝的皇后邓绥爱好读书写字，各州郡每年都会进贡纸墨，主管尚方的蔡伦决定为邓皇后寻找一种便宜轻便的书写材料。蔡伦通过观察、学习慢慢掌握了一些造纸的技术。后来，通过不断地试验、改进，用树皮、破麻布、废渔网等为主要材料，捣碎后用水浸泡，然后把不易腐烂的纤维捞出来，捣成糊状，放在竹篾上晾干，就成了纸。蔡伦又经过不断地试验，制造出轻薄好用、价格低廉的纸。蔡伦把制造出的纸进献给皇上，皇上下令将这种纸在全国推广，被人们称为"蔡侯纸"。

蔡伦改进造纸的材料，使造纸的成本大为降低，为文化的传承、发展提供了便利，对世界文明的进步做出了重要的贡献。

和帝不久驾崩，邓皇后的儿子即位，不过新皇帝继位不过两年就病逝了。邓太后立清河王刘庆十三岁的儿子为帝，即安帝。邓太后继续执掌朝政，蔡伦由于被邓太后赏识，依然身居高位。

邓太后病逝后，安帝亲权。安帝知道之前蔡伦曾协助窦太后陷害自己的祖母宋贵人，就让廷尉审问蔡伦。蔡伦深知自己失去了邓太后这一保护伞，已无活路，就服毒自尽了。

蔡伦在宫中服侍过四位皇帝，两任太后，不断升迁，位列九卿，最终自杀身亡。不管其在政治斗争中结局如何，但改进造纸确实为人类文明的进步做出了不巧的贡献。

张衡博学潜心天文

张衡，字平子，南阳人，出身士家大族，幼时家道中落。张衡自幼勤奋好学，长大后到长安、洛阳游学，成为东汉著名的文学家、天文学家。

100年，张衡受南阳太守鲍德之邀，回乡担任鲍德的主簿，负责文书工作。张衡将在长安和洛阳游学时的见闻进行整理，前后花费十年的时间，完成《二京赋》，即《西京赋》和《东京赋》。张衡在赋中描述了长安和洛阳的繁华，讽刺了朝廷和权贵的腐败。张衡的赋作代表还有《归田赋》，使赋作主体从气势磅礴的散体大赋向文采清丽的抒情小赋转变。此外，张衡还创造了最早的七言诗《四愁赋》，在赋中以美人喻君子，以水深喻小人，委婉地表达了抑郁不得志的情怀。

后来，张衡逐渐对天文学、数学等自然科学有了浓厚的兴趣，潜心于天文、历法等的研究和推算。安帝得知张衡精通天文、历法，就征召他为郎中，后又将其提拔为太史令。之后，张衡开始研究天文，发明仪器。

《灵宪》是张衡关于天文学的著作。在书中，张衡认为宇宙是无限的，观察到太阳运行是有规律的，甚至观测出一周天为三百六十五又四分之一度，与近代测量的地球绕日一周三百六十五天五小时四十八分四十六秒相差无几。

汉代已有浑天说，认为天如蛋壳，地如蛋黄。张衡在浑天说的理论下，结合西汉的浑仪，于117年制造出铜铸浑天仪。浑天仪主体部分是几层可以转动的圆圈，仪器上有两个底部有孔的漏壶，通过滴水使圆圈转动，以演示各种天象的变化。

132年，张衡又发明了地动仪，用以预测地震。地动仪形如酒樽，周围有八条龙分布在八个方向，每条龙的嘴里有一个铜丸，下方蹲着一只张开嘴的蟾蜍，如果某个方位发生地震，铜丸就会掉落在蟾蜍嘴里。

张衡除了天文学方面的成就，在数学和机械技术方面也取得了很大的成就。张衡发明了测定风向的候风仪，制造了计里鼓车、独飞木雕等。

139年，张衡因病逝世，享年六十一岁。

张仲景勤学成医圣

张仲景，名机，字仲景，东汉末年著名的医学家，享有"医圣"之美誉。张仲景从小喜好读医学书籍，敬佩古代名医扁鹊。曾跟随同郡的张伯祖学医，由于勤学好问，很快掌握了师傅传授给他的医术。

张仲景认真研读《素问》《灵枢》《难经》等古代医书，总结前人的理论，提出了"六经论伤寒"的新见解。张仲景广泛搜集民间药方，还对针刺、灸烙等进行研究。

张仲景虽对仕途没有什么兴趣，但父亲曾在朝为官，也被举荐为孝廉，成为长沙太守。张仲景在任期内仍不忘为百姓看病治疗，但汉朝规定官员不能随便到百姓家中。张仲景就在初一和十五这两天，打开府衙之门不问政事，坐在堂上为百姓看诊。后来人们为了纪念张仲景，就将药铺里给人看病的医生称为"坐堂医生"。

张仲景在行医时仍不断学习，听说哪里有名医，即使路途遥远，也会去拜师学习。

东汉末年，战争不断，人们颠沛流离，各地疫情也开始传播蔓延。张仲景虽医术高超，但面对大规模的疫情，也是束手无策。面对腐败的朝廷，张仲景不愿继续为官。后来就到岭南隐居，潜心研究医学，结合多年的行医经验，写出了著名的《伤寒杂病论》，后来因为散佚，被搜集整理成《伤寒论》和《金匮要略》两部。该书提出了辨证论治的原则，所谓辨证就是望、闻、问、切四个步骤，经过这四个步骤后进一步诊断病情，然后根据具体的病情进行对症治疗。书中还记录了张仲景创立的一些颇有成效的方剂，对这些方剂的制法也记载得非常详细，所以《伤寒杂病论》也被称为"方书之祖"。《伤寒杂病论》是中国医学史上影响较大的一部专著。

张仲景一生潜心于钻研医学和治病救人，对后世医学的发展产生了重要的影响。

神医华佗创立新说

华佗，字元化，沛国人，东汉末年著名的医学家。华佗医术高明，精通内科、妇科、儿科等，尤其擅长外科，被称为"外科鼻祖"。

华佗少时在各地游学，醉心医学，拜名医为师学习医术，推崇名医扁鹊和张仲景。

华佗不满东汉末年朝政的腐败，拒绝为官，四处行医。华佗治病，根据病情对症下药。一次，有两人头痛发热来找华佗看病，华佗给二人的药方不同，却治好了二人的病。二人感到好奇，华佗说你们二人一为内热，一为表征，故治疗方法不同。

广陵太守陈登曾肚子疼痛，华佗看后，让陈登喝下草药，不久，陈登就吐出了很多红头的虫子，肚子不再疼痛。

华佗在医学上最大的贡献是发明了麻沸散。华佗通过走访名医，收集药物，在不断地试验和调整配方后，终于制成了可以用于医学上的麻醉药物——麻沸散。麻沸散的发明提高了外科手术的安全性，减轻了病人的痛苦，是医学界的创举。

华佗还很重视养生和锻炼，发明了五禽戏。五禽戏就是模仿五种动物猿、鹿、熊、虎、鸟的动作创立的一套健身体操。五禽戏可以锻炼人的全身关节，起到畅通气血、强身健体的作用。

华佗一生都在治病救人，因医术高超被世人称赞。后世常用"华佗在世"来称赞医术高明的医生。

对于华佗之死，有两种说法。

一是说，曹操患有头风病，经常头痛难忍，后来华佗治好了曹操的头风病。曹操便将华佗留下来。华佗不愿为官，想为天下百姓治病，就向曹操请假回家。然后谎称妻子有病，不再回去。曹操大怒，将华佗下狱拷打致死。

另一种说法是，华佗为曹操治疗头风病时，认为曹操的病需要打开头颅，曹操认为华佗是想趁机杀害他，就将华佗下狱致死。

秦汉大事纪年表

公元前221年　　秦王嬴政统一中国，称始皇帝

公元前220年　　修筑驰道

公元前219年　　秦始皇东巡，封禅泰山，立石颂德

公元前215年　　蒙恬率三十万大军北击匈奴

公元前214年　　开灵渠，置桂林、南海等郡。蒙恬收复河南地，置九原郡修筑长城

公元前213年　　颁布挟书律，下令焚书

公元前212年　　坑杀儒生、方士

公元前210年　　秦始皇病死沙丘。赵高、李斯立胡亥为二世皇帝

公元前209年　　陈胜、吴广起义

公元前207年　　项羽于巨鹿大破秦军主力

公元前206年　　秦朝灭亡。刘邦与关中父老约法三章。项羽自立为西楚霸王，分封诸王

公元前203年　　鸿沟为界，楚汉议和

公元前202年　　项羽乌江自刎。刘邦即位为汉高祖

公元前200年　　白登之围

公元前197年	代相陈豨反
公元前196年	平陈豨，诛韩信、彭越，英布反
公元前195年	平英布，高祖驾崩，惠帝刘盈即位
公元前193年	萧何卒，曹参为相
公元前188年	惠帝卒，吕后临朝
公元前180年	吕后卒，陈平、周勃等杀诸吕，迎立代王刘恒为文帝
公元前167年	除肉刑，免除民田租税
公元前157年	文帝卒
公元前156年	景帝下令减田租为三十税一
公元前154年	七国之乱，周亚夫平乱
公元前150年	立胶东王刘彻为太子
公元前141年	景帝卒
公元前140年	武帝接受董仲舒建议，罢黜百家，独尊儒术
公元前139年	张骞第一次出使西域
公元前133年	马邑之谋
公元前128年	立卫子夫为皇后
公元前126年	张骞出使西域还
公元前124年	卫青大败匈奴，拜大将军
公元前121年	颁布推恩令。霍去病大破匈奴
公元前119年	卫青、霍去病大破匈奴。颁布算缗、告缗令，置盐铁官。张骞第二次出使西域
公元前118年	废半两钱，行五铢钱
公元前112年	定南越，置九郡，平西南夷，置五郡
公元前110年	实行均输平准政策
公元前105年	都江王女细君远嫁乌孙
公元前104年	制定太初历，贰师将军征大宛

公元前101年	贰师将军斩大宛王获得汗血宝马，解忧公主和亲乌孙
公元前92年	巫蛊之祸
公元前89年	武帝下轮台罪己诏，实行休养生息政策
公元前87年	武帝卒，昭帝刘弗陵即位，霍光辅政
公元前77年	傅介子杀楼兰王
公元前74年	昭帝卒，昌邑王刘贺即位二十七天被废，宣帝继位
公元前49年	宣帝卒，元帝即位
公元前47年	宦官弘恭、石显用事
公元前33年	王昭君出塞和亲；元帝卒，成帝即位
公元前26年	刘向领校群书
公元前16年	立赵氏为皇后，封王莽为新都侯
公元前7年	成帝卒，哀帝刘欣即位
公元前1年	哀帝卒，平帝即位，王莽辅政
8年	王莽代汉，建立新朝
17年	绿林军于荆州起义
18年	赤眉军在山东崛起
23年	建立更始政权，新朝灭亡
25年	刘秀称光武帝，建立东汉
48年	匈奴分裂为南北，马援平定岭南
57年	光武帝卒，明帝即位
73年	班超出使西域
75年	明帝卒，章帝即位
79年	白虎观会议
105年	和帝卒，殇帝即位
121年	邓太后卒
132年	张衡发明地动仪

141年	外戚梁冀开始专权
159年	宦官"五侯"开始专权
166年	党锢之祸
184年	黄巾军大起义
220年	曹丕建魏,东汉灭亡